böhlauWien

Ossi Hejlek

ALBERT EINSTEIN

für Einsteiger

Aus der Böhlau Wien-Serie:
„Wissen mit Pfiff"
Band 2

BÖHLAU VERLAG WIEN • KÖLN • WEIMAR

Die Deutsche Bibliothek – CIP-Einheitsaufnahme
Hejlek, Ossi:
Albert Einstein für Einsteiger / Ossi Hejlek. –
Wien; Köln; Weimar; Böhlau 1999
(Wissen mit Pfiff, 2)
ISBN 3-205-99056-0

© 1999 by Böhlau Verlag Ges.m.b.H. und Co.KG., Wien • Köln • Weimar

Gedruckt auf umweltfreundlichem, chlor- und säurefreiem Papier.

Druck: Imprint – Ljubljana

AUS DEM LEBEN ALBERT EINSTEINS

ALBERT EINSTEIN (1879-1955)

Die Formel lautet: *„**Freude am Wissen**"*! Es ist das Ziel der Serie „Wissen mit Pfiff", interessante Themen der Wissenschaft durch eine zugleich leicht verständliche und andererseits humorvolle Aufbereitung einem breiten Publikum schmackhaft zu machen. Einen leichten und vor allem schnellen Einstieg zu bieten, um auch der „nicht-akademisch" vorgebildeten Leserschaft einen Überblick über Leben und Werk der ganz Großen unserer Vergangenheit und Gegenwart zu ermöglichen und einen Zugang zur bunten und fesselnden Welt des Wissens zu schaffen.

Ist es nicht so, daß wir alle immer wieder Ausdrücke verwenden, die zwar ein fixer Bestandteil unseres Wortschatzes sind, deren eigentliche Bedeutung uns aber gar nicht bewußt ist?! Denken Sie an Begriffe wie „Ödipus-Komplex", „Relativität", „Wahrscheinlichkeitsrechnung"! Natürlich, der eine oder andere hat bereits während seiner Schulzeit in unterschiedlichem Maße davon gehört, darüber gelernt und – wahrscheinlich das meiste wieder vergessen.

Versuchen Sie doch einmal aus dem Stegreif den Begriff „Hysterie" bzw. das als „hysterisch" bezeichnete Verhalten zu erklären oder ersuchen Sie jemanden aus Ihrem Bekanntenkreis, nur eine einzige Minute über eine Berühmtheit wie Albert Einstein zu erzählen!
Sie werden feststellen, daß dies vermutlich nur einigen wenigen wirklich gelingen wird. Was aber wiederum bestätigt, daß wir über Dinge, Situationen, Abläufe und Personen sprechen, deren eigentliche Bedeutung,

Hintergründe und Zusammenhänge uns fast zur Gänze unbekannt sind.

Es ist in unserer Leistungsgesellschaft fast ein Muß, über alles Bescheid zu wissen, mitreden zu können, die kunstvoll eingesetzten Fremdwörter seiner Gesprächspartner richtig deuten zu können, Schwächen zu verbergen und sich geschickt über Wissens-Engpässe zu manövrieren.

Haben Sie sich nicht schon manchmal gedacht, „Zum Glück wurde bei dieser oder jener Aussage von mir nicht näher nachgefragt!", oder „Ich habe eigentlich überhaupt keine Ahnung, was mein Gegenüber mit einem bestimmten Begriff meint, aber – nur nicht anmerken lassen!"? Ja, es ist ein **ungeschriebenes Gesetz,** daß viele der Meinung sind, durch unverständliche und elitäre Aussagen in ihrem Umfeld höhere Wertschätzung zu erlangen. Leider ist dieses Verhalten allzu sehr verbreitet.

Gehen Sie auf eine Ausstellungseröffnung, die nächste Vernissage und lauschen sie den Worten der scheinbar „fachkundigen" Bewunderer. Eigentlich müßten Sie beim Zuhören entweder in Lachkrämpfe ausbrechen oder vor Übelkeit das Weite suchen.

„ES LEBE DIE OBERFLÄCHLICHKEIT!"

Wäre es nicht viel wertvoller für unsere Gesellschaft, wenn diejenigen, die der Meinung sind, **wirklich** „zu wissen", ihren Mitmenschen die Hintergründe näherzubringen versuchen? Und zwar nicht mit ihren eigenen fachspezifischen Erklärungen, sondern mit den einfachen und verständlichen Worten aus der Welt des Zuhörers, des Lesers und Betrachters. Es gibt sie, diese *wirklich* wertvollen und besonderen Menschen – „Gott sei Dank" – nur viel zu selten!

Beim Vorhaben, einen Blick hinter die „Kulissen des Wissens" zu machen, soll Ihnen dieses Buch zur Seite stehen. Natürlich kann ein einziges Buch nicht das Originalwerk ersetzen, aber es soll Ihnen einen Überblick verschaffen, Sie für das eine oder andere Thema sensibilisieren und Ihnen die Entscheidung erleichtern, ob und wo Sie tiefer in die Welt des Wissens einsteigen möchten.

Viel Vergnügen
Ihr Ossi Hejlek

IN ULM UND UM ULM UND UM ULM HERUM!

Die Familie Einstein wohnte in der deutschen Stadt Ulm, in der Bahnhofstraße B 139, als ihnen am 14. März des Jahres 1879 ihr erstes Kind Albert geboren wurde.

Albert Einsteins Eltern, Hermann und Pauline, waren jüdischen Glaubens. Sie waren beide in Buchau am Federsee aufgewachsen, hatten 1876 in Bad Cannstatt, der Geburtsstadt Paulines, geheiratet und lebten in Ulm, einer Stadt mit damals ungefähr 32.000 Einwohnern. Der jüdische Anteil der Bevölkerung Ulms belief sich auf unter 1.000 Personen.
Die Eltern (Vater Julius) und Großeltern Paulines waren Hoflieferanten (Getreidehandel), die Vorfahren Hermann Einsteins hingegen schwäbische Handwerker, sein Bruder Jakob ein begabter Konstrukteur von Gleich- und Wechselstromgeneratoren.

1922 WURDE EINE STRASSE IN ULM NACH EINSTEIN BENANNT ...

ALBERT-EINSTEIN-STRASSE

1933 MUSSTE EINSTEIN DEM ARISCHEREN JOHANN GOTTLIEB FICHTE DEN PLATZ AUF DEM STRASSENSCHILD ÜBERLASSEN!!!

J.-G.-FICHTE-STRASSE

PAULINE EINSTEIN, GEB. KOCH

HERMANN EINSTEIN

Hermann Einstein war auf dem Gebiet der Elektrotechnik tätig. Als Inhaber eines Elektrogeschäftes mußte er alleine für den Unterhalt der Familie aufkommen. Allerseits wurde er als stets hilfsbereiter Mensch mit einer „nie versagenden Güte" beschrieben. Er konnte niemandem seine Unterstützung verweigern, ein Charakterzug, der ebenso bei Albert sehr ausgeprägt zum Vorschein kam und wahrscheinlich auf das väterliche Vorbild zurückzuführen ist.

Von seiner Mutter Pauline bekam Albert Ausdauer, Geduld und die Liebe zur Musik mit auf den Weg. Sie war eine hervorragende Pianistin, beschäftigte sich gerne mit schwierigen, lange andauernden Handarbeiten und liebte es, zu lachen.

Albertchen, wie er manchmal von seinen Eltern genannt wurde, beschäftigte sich intensiv und ausdauernd mit Geschicklichkeitsspielen und Bastelarbeiten. Er baute sogar Kartenhäuser mit bis zu 14 Stockwerken(!) – und das in einem Alter von nicht einmal zehn Jahren.

Albert muß es genossen haben, in seiner Kindheit von einem Umfeld aus Güte, Liebe und Musikalität umgeben gewesen zu sein. Selbst die wirtschaftlichen Mißerfolge des Vaters konnten das liebevolle familiäre Leben nicht beeinflussen. Doch Albert betrachtete die Gütigkeit seiner Eltern auch kritisch:

PAPA UND MAMA,
LEBT NICHT SO APATHISCH,
ICH ERKENN' EUREN FEHLER –
IHR SEID ZU PHLEGMATISCH!
DIE EWIGE GÜTE, SIE TREIBT MICH
ZUM WAHNSINN,
DIE LÖSUNG IST KLAR,
ES FEHLT EUCH AN STARRSINN!
IM KLEINEN FINGER
ICH HAB' DAVON MEHR
ALS IHR BEIDE ZUSAMMEN –
MANCHMAL STÖRT ES MICH SEHR!

Die Familie lebte glücklich und erfreute sich an den Späßen des kleinen Albert. Der bei seiner Geburt noch sehr ausgeprägte, überdimensionierte Hinterkopf hatte sich bereits normalisiert und das bis zum zweiten Lebensjahr noch nicht vorhandene Redevermögen sollte sich auch bald verbessern. In späteren Jahren auf das zögerliche Erlernen der Sprache angesprochen, beschrieb Einstein diese Tatsache schalkhaft mit den Worten:

„CHILDHOOD SHOWS THE MAN!"

womit er auf seine zeitlebens vorhandene Unlust für eigens zu haltende große Reden anspielte.

DER SECHSJÄHRIGE ALBERT MIT SEINER SCHWESTER MAJA

Bereits ein Jahr nach der Geburt Alberts übersiedelte
die Familie Einstein nach München, wo sie sich am
21. Juni 1880 in der Müllerstraße 3 anmeldete. Hermann
Einstein beteiligte sich am gleicherorts ansässigen
Elektrobetrieb seines sich in finanziellen Schwierigkeiten
befindenden Bruders Jakob und übernahm die kaufmän-
nische Leitung der Firma **„J. Einstein & Cie."**. Deren
Hauptaufgabe bestand in der Herstellung von elektroni-
schen Meßgeräten, Dynamos und Bogenlampen. Kurz
darauf erhielt die Familie erneut Zuwachs: am 18.11.1881
erblickte Alberts Schwester Maya das Licht der Welt.

Im Alter von ungefähr fünf Jahren erhielt Albert von seinem Vater einen Kompaß geschenkt – ein Ereignis, das großen Eindruck hinterlassen haben muß, da Einstein sich als Erwachsener noch daran erinnerte und davon erzählte: Er wäre verwundert gewesen, daß die Kompaßnadel nicht auf äußere Einflüsse reagierte, so wie er es erfahrungsgemäß von anderen Sachen gewohnt war und sei,  dieses Wunder bestaunend, zu dem Schluß gekommen:

„DA MUSS ES ETWAS VERBORGENES HINTER DEN DINGEN GEBEN!"

Vielleicht war es gerade dieses scheinbar einschneidende Erlebnis, das Einstein bewog, sich für den Rest seines Lebens auf die Spur dieser „verborgenen Kräfte" zu begeben?!

* * *

Der Betrieb wurde 1885 verlegt und auch die Familie übersiedelte in eine Villa mit einem prachtvollen Garten, der sich ebenso auf dem Gelände befand. Das neue Domizil war zwischen Lindwurmstraße (125) und Adlzreiterstraße (14) gelegen. Im selben Jahr trat Albert in die Volksschule ein; es war die katholische

Sankt-Peters-Schule in der Blumenstraße, wo militärischer Drill und Rohrstock den Schulalltag beherrschten. Ein Charakterzug Einsteins kam bereits damals merklich zum Vorschein, der ihn zeitlebens auszeichnete, nämlich der Sinn, alles zu hinterfragen und sein immenses Interesse an seiner Umwelt. Es gelang ihm, sich die züchtigenden Pädagogen, im wahrsten Sinne des Wortes, vom Leibe zu halten – und er war Klassenbester. In diesen Tagen machte Albert (der einzige Jude seiner Klasse) während des Religionsunterrichts seine ersten Erfahrungen mit der Geißel des Antisemitismus.

Das Gefühl, das Albert in diesem Moment empfand, und die Prügel seiner Mitschüler konnte er nie vergessen.

Die Volksschulzeit verging, und Albert trat am
1. Oktober 1889 in das Münchner Luitpold-Gymnasium
ein. Seine Klasse bestand, aus heutiger Sicht undenk-
bar, aus fast 60 Schülern.

Albert wurde im eigens für jüdische Schüler eingeführ-
ten Schulfach „Israelitische Religionslehre" unterrichtet. Seine persönliche, damals starke religiöse Aus-
richtung geriet erstmal ins Wanken, als er gerade zwölf
war und war das Resultat seiner Auseinandersetzung
mit den beiden sich mit der Naturwissenschaft
beschäftigenden Büchern:

Naturwissenschaftliche Volksbücher
von Aaron Bernstein

Kraft und Stoff
von Ludwig Büchner

LUDWIG BÜCHNER

Ludwig war einer der Brüder
des Dichters Georg Büchner.
Er hatte aufgrund seiner
religiösen Gesinnung seine
Tübinger Dozentur verloren
und beschäftigte sich in
seinem Werk mit der Dar-
stellung einer atheistisch-
materialistischen Sicht
der Natur. Es war beson-
ders die Religion und deren
Gedankengut, die er stets zu bekämpfen versuchte.

Einer seiner Leitsprüche war:

„SO OFT DIE WISSENSCHAFT EINEN SCHRITT VORWÄRTS MACHT, WEICHT GOTT EINEN SCHRITT ZURÜCK!"

Einstein war der Überzeugung, daß die Jugend bewußt vom Staat belogen werde und entwickelte sich, mitunter beeinflußt durch die Gedanken Büchners, zu einem **„geradezu fanatischen Freigeist"**. Albert trat fortan jeglicher Art von Autorität mißtrauisch gegenüber und lehnte jede Form der Uneigenständigkeit vehement ab. Was die Studien der Schriften Bernsteins betrifft, so waren dies wohl die ersten Gedanken zum Thema „Lichtgeschwindigkeit", mit denen Einstein konfrontiert wurde.

Neben den beiden erwähnten Werken gab es aber noch ein drittes Buch, das den wißbegierigen Albert fesselte:

 **Ein Büchlein über Euklidische Geometrie**

Dabei faszinierte es ihn, daß scheinbar nicht klar ersichtliche Aussagen, wie „das Sich-Schneiden der drei Höhen eines Dreiecks in einem Punkt", mit erstaunlicher Sicherheit bewiesen werden konnten und allfällige Zweifel auszuschließen waren. Was Einstein faszinierte, war das in der Geometrie offenkundig werdende menschliche Vermögen, Gedanken mit einer solchen Klarheit und Sicherheit hervorzubringen.

MÜNCHEN ERSTRAHLT IN HELLEM GLANZ

Die Münchner saßen damals vor 100 Jahren, genauso wie heute, abends in den Biergärten, tranken Bier und aßen Brezen, machten an den Wochenenden Ausflüge an die zahlreichen bayrischen Seen, vergnügten sich an der Isar oder unternahmen Wanderungen. Man versuchte das Leben zu genießen und den Arbeitsalltag „locker" zu nehmen. Es war ein gemaches Leben ohne große Hochs und Tiefs – eine Bequemlichkeit, die bis heute nicht viel davon eingebüßt hat und sehr an das charakteristische „Wiener-Gemüt" erinnert.

Die Residenzstadt zählte an die 350.000 Einwohner, darunter stattliche 100 mit dem Namen „Einstein".

Im September des Jahres 1882 hatte in Bayern das Zeitalter der Elektrizität Einzug gehalten – es wurde die

2. INTERNATIONALE ELEKTRIZITÄTSAUSSTELLUNG

im Münchner Glaspalast eröffnet. Hauptattraktion war eine Strom-Fernübertragung zwischen Miesbach und München. Auch die Firma Einstein nahm an der Ausstellung teil, ging aber aufgrund ihrer noch unbedeutenden Größe in der Menge unter. Dem Münchner Spektakel war die im Jahr davor abgehaltene erste Ausstellung in Paris vorangegangen, deren spektakulärste Präsentation Thomas A. Edison persönlich übernommen hatte.

THOMAS ALVA EDISON,
(11.2.1847–18.10.1931) war mit über 1.000 der von ihm im Jahre 1879 erfundenen Kohlefaden-Glühlampen angereist, um ein Beleuchtungssystem vorzuführen. Er war es auch, der im Jahr der Münchner Ausstellung das erste öffentliche Elektrizitätswerk in New York errichtete, das vorerst hauptsächlich Strom für Straßenbeleuchtungen produzierte. Der Vormarsch der Elektrizität wurde zwar durch die Erfindung des Gasglühstrumpfes (vom Österreicher Carl Freiherr Auer von Welsbach) verlangsamt, war aber nicht mehr aufzuhalten.

Auch der Betrieb der Firma Einstein konnte mittlerweile Erfolge vorweisen. Nach langen Anstrengungen war es ihr gelungen, die Zustimmung für den Auftrag zu bekommen, die elektrische Beleuchtung für das nahe dem Fabriksgelände stattfindende Oktoberfest bereitzustellen.

Kurz darauf, in den Jahren 1888-89, stellten die Einsteins abermals ihre Kompetenz unter Beweis. Sie hatten den Großauftrag erhalten, im damals noch von München getrennten Schwabing die elektrische Straßenbeleuchtung zu installieren. Am 26. Februar 1889 war es soweit – die Einweihungsfeierlichkeiten wurden zu einem berauschenden Fest; Feuerwerk, Kutschen-Korso und Ausgelassenheit bis in den frühen Morgen. Eine Festakt, der dem von Malern, Dichtern und Bohemiens gesäumten Schwabing größte Ehre bereitete – und natürlich auch den Einsteins.

* * *

Es war auch die Zeit, als durch den größer werdenden Markt und die Massenproduktion der Begriff des Markenartikels und des Markenschutzes immer mehr an Bedeutung gewann. Unterscheidbarkeit war nun gefragt; und es entstanden Markennamen und Markenzeichen, die noch heute erfolgreich bestehen.

1879   Albert wird als Sohn von Hermann und Pauline Einstein (geb. Koch) am 14. 3. in Ulm geboren.

1880   Umzug nach München.

1881   Alberts Schwester Maja wird am 18. 11. geboren.

1882   2. Internationale Elektrizitätsausstellung in München.

1885   Wechsel des Firmensitzes und des Privatdomizils. Eintritt in die Sankt-Peters-Volksschule.

1888   Die Firma Einstein beginnt mit dem Bau der elektrischen Straßenbeleuchtung in Schwabing.

1889   Albert tritt im Oktober ins Luitpold-Gymnasium ein. Eröffnungsfeierlichkeiten in Schwabing.

1892   Studien der Werke Büchners und Bernsteins, sowie der Euklidischen Geometrie.

ÜBER MAILAND NACH ZÜRICH FÜHRT DER WEG!

Der Höhenflug der Firma Einstein dauerte allerdings nur einige Jahre. Bereits 1892 verlor der Betrieb im Zuge der Ausschreibung für die Einführung der elektrischen Straßenbeleuchtung in München, den Auftrag aus Kostengründen.

Die Einsteins konnten dadurch ihre Betriebsgröße nicht aufrecht halten und mußten einen Großteil der noch vor kurzem an die 200 Arbeiter zählenden Belegschaft entlassen.

Während in den Jahren 1891-1900 an die

3,5 MILLIONEN

emigrierender Europäer ihr neues Glück in Amerika finden wollten, entschlossen sich die beiden Brüder Einstein, aufgrund der sich für den Betrieb zusehends verschlechternden Geschäftslage, ihr Glück in Italien zu versuchen. 1894 übersiedelte die Familie also nach Mailand – nur Albert blieb zurück und sollte, nun im Internat, das Gymnasium mit dem Abitur als Ziel beenden. Aber er hielt es nicht lange aus. Der Drill der Professoren, die eingeschränkten Zukunftvisionen seiner Kameraden, die allesamt nur von einer alsbaldigen militärischen Karriere träumten – er mußte „ausbrechen"; raus aus der autoritären Schule und raus aus Deutschland.

Mit klaren Zukunftsplänen im Kopf beschloß er, Deutschland zu verlassen, bestieg einen Zug und fuhr nach Mailand, wo er die nicht minder überraschten Eltern über seine Absichten aufklärte. Albert wollte die Eidgenössische Polytechnische Hochschule in Zürich besuchen und bereitete sich, stets sein Ziel vor Augen, selbst auf die Aufnahmeprüfungen vor. Ein in Zürich lebender Freund der Familie war es, der Albert am Polytechnikum als „Wunderkind" anpries und ihm die Zulassung zu den Aufnahmetests ermöglichte. Einstein konnte die Kommission aber durch sein mathematisch-physikalisches Geschick alleine nicht überzeugen, und man empfahl dem Sechzehnjährigen, den herkömmlichen Weg zu beschreiten und zuerst sein Abitur abzulegen.

Der damalige Direktor der Hochschule, Professor Albin Herzog, war von Albert angetan und konnte ihn davon überzeugen, die Realschule in Aarau zu besuchen.

ENDLICH IN DER SCHWEIZ!

Von Oktober 1895 bis zum Herbst 1896 besuchte Einstein die letzten Klassen der Aarauer Realschule und legte sein Abitur ab.

DIE ERZIEHUNG ZU FREIEM HANDELN UND SELBSTVERANTWORTLICHKEIT ÜBERTRIFFT DIE AUTORITÄRE BEI WEITEM! ECHTE DEMOKRATIE IST KEIN LEERER WAHN!

Sein Jahr in Aarau blieb ihm stets in angenehmer Erinnerung. Der in der Schule spürbare „liberale Geist" und die konträr zur „deutschen Autorität" unterrichtenden Professoren kamen dem Wesen Einsteins sehr entgegen. Er genoß es auch, bei der Familie von Professor Jost Winteler wohnen und leben zu dürfen.

Die persönliche Beziehung zu der Familie sollte sich Jahre später fortsetzen, als Paul, ein Sohn des Professors, Alberts Schwester Maja ehelichte. Diese hatte

auf Anraten Alberts begonnen, in Aarau das Lehrerinnen-
seminar zu besuchen und wohnte ebenfalls bei den
Wintelers.

Albert war während seiner Aarauer Zeit stets der
Schwarm der Mädchen gewesen. Zumeist älter als er,
fühlten sie sich von seinem genialen Geist und dem
immer präsenten Wortwitz angezogen. Im allgemeinen
stand Einstein aber auch jetzt nicht im Mittelpunkt,
denn er wußte genau, was er wollte und vor allem, was
er nicht wollte – und er hielt diesbezüglich mit seiner
Meinung nicht zurück. So wußte er auch mit den
Trinkgelagen seiner Kameraden nichts anzufangen und
konnte auch an den Aktivitäten der damals stark
verbreiteten Burschenschaften nichts Interessantes
finden.

Ein besonders tiefes Gefühl verband Albert mit der zwei

Jahre älteren Marie, einer Tochter Professor Wintelers. Die Schwärmerei fand ihr Ende, als Albert nach Zürich zog, um dort zu studieren. Wie groß auch seine Zuneigung für Marie gewesen sein mag, intensiver noch war seine Liebe zur Wissenschaft; sein Drang zu studieren, zu forschen und selbst zu unterrichten. Dabei wollte er von den Liebesgefühlen zu Marie, den Höhen und Tiefen einer Beziehung nicht behindert werden. Er flüchtete förmlich vor seinen Emotionen und der Geliebten. Die freundschaftliche Beziehung zur Familie Winteler blieb von dieser Episode unberührt und wurde Jahre später durch die Heirat von Alberts Schwester noch verstärkt.

Einstein hatte im Oktober 1896 an der Eidgenössischen Polytechnischen Hochschule an der Abteilung VIa, zur Ausbildung zum mathematisch-naturwissenschaftlichen (-physikalischen) Fachlehrer, immatrikuliert. Seine Professoren sahen in ihm eher einen faulen und sehr exaltierten Studenten, der bei seinen Studien und Experimenten stets einen anderen Weg beschritt, als den vorgegebenen. Er schwänzte Vorlesungen, studierte jedoch daheim die Meister der theoretischen Physik.

SIE SIND EIN GESCHEITER JUNGE, EINSTEIN, EIN GANZ EIN GESCHEITER. ABER SIE HABEN DABEI NUR EINEN GROSSEN FEHLER:

SIE LASSEN SICH EINFACH NICHTS SAGEN!!!

Als Einstein während seiner Studienzeit um die Schweizer Staatsbürgerschaft ansuchte, wurde er zeitweilig von einem Detektiv beschattet, der von der Züricher Stadtpolizei engagiert worden war, um die Lebensgewohnheiten Alberts zu ergründen. Das Ergebnis war mustergültig; Einstein leistete sich keine Exzesse, trank keinen Alkohol und lieferte keine Eklats – die Musik und das Segeln waren seine einzigen Passionen.

Mit zwei Professoren des physikalischen Labors hatte er besondere Schwierigkeiten. Einerseits war es Jean Pernet, der über Einsteins permanente Alleingänge (Albert hielt sich nicht an die vorgegebenen Praktiken) bei den Lösungsfindungen der gestellten Aufgaben verärgert war. Einsteins Reaktion auf die (ihn einengenden) Vorstellungen des Professors war, daß er an dessen

„AUTORITÄTSDUSEL IST
DER GRÖSSTE FEIND
DER WAHRHEIT!"

A. E.

Praktikum einfach nicht mehr teilnahm. Andererseits
gab es den Direktor der Laboratoriums, Professor
Heinrich Friedrich Weber, den Albert während seines
Studiums stets (und bewußt) nur mit „Herr Weber" und
nie mit seinem Titel ansprach.

Die „Rache" des Herrn Professors kam nicht gleich, aber
sie kam. Als Einstein seine Diplomarbeit bei ihm abgab,
nahm Weber diese nicht an, da sie nicht auf dem vorgegebenen Papier geschrieben worden war (!), und ließ
seinen Schüler die Arbeit noch einmal schreiben ...

Gleichzeitig mit dem zweiundzwanzigjährigen Albert
traten unter anderen auch dessen Freund Marcel
Großmann und Einsteins aus Serbien stammende
Gefährtin Mileva Marić zur Diplomprüfung an. Lediglich
Mileva schaffte von allen Angetretenen das Diplom

nicht, und auch ein weiterer Versuch mißglückte. Sie begann gleichzeitig mit Einstein zu studieren und war in ihrem Jahrgang die einzige Frau. Bereits nach kurzem entstand zwischen den beiden eine Freundschaft, die zu Beginn lediglich auf einem kumpelhaften Wissensaustausch und fachlichen Diskussionen basierte. Zu einer intensiveren Gefühlsbindung sollte es erst im Laufe der Studienjahre kommen. Einsteins Mutter war schon immer negativ gegen diese Verbindung eingestellt gewesen und versuchte die Gründe ihrem Albertle auch bei jeder Gelegenheit klar zu machen:

„WENN DU DREISSIG BIST, IST SIE EINE ALTE HEX!"

Doch Einstein konnte oder wollte zu dieser Zeit so manchen Charakterzug seiner zukünftigen Braut noch nicht erkennen – ihre Gefühlswelt zum Beispiel, die ganz und gar nicht seinem Wesen entsprach und mit der er schon in naher Zukunft nicht mehr umzugehen wissen sollte ...

EINSTEIN UND SEINE LIEBE ZUR MUSIK

Geige zu spielen war seine große Leidenschaft. Er begann bereits im zarten Alter von sechs Jahren, Geigenunterricht zu nehmen. Täglich musizierte er zusammen mit seiner sehr musikalischen Mutter, die sein Violinspiel auf dem Klavier begleitete.
Und ganz egal, wo Albert hinging, er hatte seinen Geigenkasten dabei. Und er spielte allerorts, wann immer sich ihm eine Gelegenheit bot. Ob in seiner frühen Kindheit in Deutschland, bei den Gesellschaften seiner Eltern in Mailand, im Aarauer Schulorchester, wo er sogar Soloauftritte hatte.

MAJA EINSTEIN

Die Musik verband ihn auch mit seiner zwei Jahre jüngeren Schwester Maja. Als er im Hause der Wintelers musizierte, fand Albert besonderen Gefallen an den Sonaten Schumanns. Und in manch depressiven Momenten während seiner Studienzeit half ihm vor allem das Geigenspiel,

seine Lebensfreude wiederzufinden. Die Musik begleitete ihn sein ganzes Leben. Sogar als er einmal zu einem Vortrag eingeladen war, stellte er sich vor das Auditorium, packte seine Geige aus und bot den erstaunten Zuhörern anstatt einer Rede einige Musikstücke dar. Zu seinen Lieblingskomponisten zählten Johann Sebastian Bach und Wolfgang Amadeus Mozart.

Zu den besonderen Merkmalen Einsteins zählte seine
Ablehnung der **„Gefühlsduselei"**. Beim Musizieren zer-
störte Einstein regelmäßig unmittelbar, nachdem die
letzte Note verklungen war, durch Witzeleien die
Stimmung der Zuhörer.

Wenn Albert irgendwo eine ansprechende Musik ver-
nahm, war er sofort dabei. Und so ereignete es sich
angeblich während seiner Studienzeit in Zürich, daß
eines Tages liebliche Klavierklänge einer Mozartsonate
durch sein Fenster drangen. Ohne lange nachzudenken,
soll er damals seine Violine genommen haben, zu der für
ihn fremden Künstlerin gestürzt sein und sich mit den
Worten „Spielen Sie einfach weiter" deren Musizieren
angeschlossen haben.

In späteren Jahren stellte er
sein musikalisches Können
auch für mehrere Wohltätig-
keitsveranstaltungen in Berlin
und Princeton zur Verfügung.

Eine andere heitere Episode ereignete sich, als Einstein
im Rahmen einer Soiree in einem Quartett mitspielte,
zu dem auch der berühmte Violinen-Virtuose Fritz
Kreisler zählte. Selbiger soll während des Spiels plötz-
lich seinen Bogen abgesetzt haben, da er mit dem
Rhythmus unzufrieden war, und den begnadeten
Physiker Einstein gefragt haben, **Was ist los
Professor? Können Sie nicht zählen?!"**.

Im fortgeschrittenen Alter, als Einstein den Bogen seiner Geige nicht mehr zu seiner Zufriedenheit führen konnte, widmete er seine musikalischen Mußestunden dem Klavierspiel.

1892 Die Firma Einstein verliert die Ausschreibung zum Bau der Münchner Straßenbeleuchtung und gerät in wirtschaftliche Schwierigkeiten.

1894 Umzug über Pavia nach Mailand. Albert verläßt die Schule und reist seinen Eltern nach.

1895 Erfolglose Aufnahmeprüfung an der Polytechnischen Hochschule in Zürich. Eintritt in die Aarauer Kantonsschule.

1896 Abitur. Immatrikulation an der Eidgenössischen Polytechnischen Hochschule in Zürich. Erste Begegnung mit Mileva Marić.

1900 Studienabschluß durch Diplomprüfung.

DER ERNST DES LEBENS BEGANN IN BERN

Einstein hatte nun Anfang des 20. Jahrhunderts zwar sein Diplom in der Tasche, eine Anstellung fand er jedoch so schnell nicht. Unentwegt sandte er Bewerbungsschreiben quer durch Deutschland, Österreich bis hin nach Italien – doch ohne Erfolg. Der arbeitslose Albert war oft deprimiert deswegen, hatten doch seine Studienkollegen Ehrat, Großmann und Kollros bereits am Polytechnikum zu arbeiten begonnen.

Umso mehr freute es ihn, als ihn im Jahre 1901 die
Nachricht erreichte, daß er am Technikum in Winthertur
interimsmäßig für einen Zeitraum von zwei Monaten
einen Dozenten vertreten durfte, der zum Militär einbe-
rufen worden war. Doch das Glücksgefühl währte nicht
lange. Im April erfuhr er, daß Mileva schwanger war.
Seiner Vaterpflicht bewußt, beschloß Einstein
schnellstmöglich die nächstbeste Arbeit anzunehmen,
gleich welcher Qualifikation. Es dauerte bis September,
bis sich die Möglichkeit bot, als Privatlehrer in Schaffhausen zu arbeiten. Doch auch dort folgten bald Konflikte mit dem Institutsvorstand, die Alberts Ent-
lassung im darauffolgenden Januar zur Folge hatten.

Mileva war bereits zu ihren
Eltern nach Ungarn gereist,
wo sie ihre Tochter Lieserl
im Januar zur Welt brachte.

In der Zwischenzeit war Einsteins Studienkollege Marcel
Großmann für seinen Freund aktiv geworden. Er hatte
an Friedrich Haller, den Direktor des „Eidgenössischen
Amtes für Geistiges Eigentum", einen Brief geschrieben, in dem er Einstein für eine Anstellung empfahl.

Albert zog, die Arbeitsstelle in Aussicht, nach Bern, wo er bis zu seinem Arbeitsantritt mit Privatstunden sein Geld verdienen wollte. Aus diesem Grund gab er folgendes Inserat im Berner Stadtanzeiger auf:

PRIVATSTUNDEN

IN MATHEMATIK UND PHYSIK

FÜR STUDIERENDE UND SCHÜLER

ERTEILT GRÜNDLICHST

ALBERT EINSTEIN,

INHABER DES EIDGEN. POLYT.

FACHLEHRERDIPLOMS,

GERECHTIGKEITSGASSE 32, I. STOCK.

PROBESTUNDEN GRATIS.

Schon bald meldeten sich einige Interessenten, die bei Einstein Stunden nahmen. „Es war eine Art Privatkolleg", wie er es selbst bezeichnete. Zu seinen Schülern zählten unter anderen ein Architekt, ein Ingenieur und schon bald auch ein rumänischer Philosophiestudent namens Maurice Solovine. Mit ihm verstand sich Albert auf Anhieb.

Am 23. Juni war es soweit, und Albert trat am Schweizer Patentamt in Bern seine Stellung an – als

EXPERTE 3. KLASSE.

Mileva war ihrem Albert nach Bern gefolgt, jedoch ohne ihre Tochter. Am 6. Januar des darauffolgenden Jahres fand nun endlich die Hochzeit im Hause Einstein statt.

MILEVA UND ALBERT EINSTEIN

Einsteins ursprüngliche Absicht,
seine Tochter Lieserl nachkommen zu
lassen, wurde offenbar nie in die Tat
umgesetzt. Biographen vermuteten,
daß die Einsteins ihr erstes
(uneheliches) Kind wahrscheinlich zur
Adoption freigegeben hatten. Auch
die beiden Söhne Einsteins wurden von
ihren Eltern angeblich nie über den
Verbleib ihrer Schwester aufgeklärt ...

Am 14. Mai 1904 sollte Mileva ihren ersten Sohn, Hans-
Albert, zur Welt bringen.

DIE AKADEMIE OLYMPIA

Während der Unterrichtsstunden mit Einsteins Schüler Solovine trat der eigentliche Zweck, nämlich der Physikunterricht, immer mehr in den Hintergrund. Die beiden Männer fühlten sich geistig voneinander angezogen, diskutierten angeregt und führten philosophische Gespräche.

Bald gesellte sich auch ein Dritter zu den regelmäßig stattfindenden Gesprächsrunden. Es war Alberts Freund und Schulkamerad aus der Aarauer Kantonsschule, Conrad Habicht. Sie trafen sich zumeist in Einsteins Wohnung, aßen gemeinsam, studierten und lasen wissenschaftliche Werke und diskutierten im Anschluß darüber.

CONRAD HABICHT, MAURICE SOLOVINE UND ALBERT EINSTEIN.

Sie widmeten sich unter anderen folgenden Werken:
Spinozas „Ethik", Ernst Machs „Die Mechanik in ihrer
Entwicklung", Stuart Mills „Die Logik", aber auch litera-
rischen Werken von Dickens oder Sophokles' Drama
„Antigone". Oft waren es sogar nur wenige Zeilen, die sie
lasen und über deren tieferen Sinn sie dann tagelang
diskutierten. Sie selbst nannten ihre Zusammenkünfte
scherzhaft „Akademie Olympia".

DU EINST IN KINDLICHER FREUDE DICH ERGÖTZENDE AKADEMIE,
BIST GEWORDEN UNSTERBLICH – ICH VERGESSE DICH NIE!
DEINEN AUFGEBLASENEN SCHWESTERN ZUM TROTZ, DU WURDEST GEBOREN,
HAST ÜBERLEGENHEIT UND WÜRDE IN ALL DEN JAHREN NIE VERLOREN!
UND ICH WEISS, 'S IST MIR KLAR, OHNE JEGLICHE FRAGEN,
WIE RESPEKTAKBEL DU WARST, IN DIESEN WICHTIGEN TAGEN.

„ALLES IST RELATIV" – BESONDERS DIE ZEIT!

Nach Einsteins Meinung ist die wissenschaftliche Forschung („Science") ohne Erkenntnistheorie nicht denkbar, und wenn, dann lediglich mit primitiven Ergebnissen. Daher rührte auch sein ausgeprägtes Interesse an der Philosophie und seine ständige Auseinandersetzung mit den für ihn maßgeblichen Fragen:

 **„Was ist Naturwissenschaft?"**

 **„Welches Ziel will die Wissenschaft erreichen, der ich mich hingebe?"**

 **„Inwiefern sind deren allgemeine Ergebnisse „wahr"?"**

 **„Was ist wesentlich, was beruht nur auf Zufälligkeiten der Entwicklung?"**

Einstein sah den Scientist als Realist, aber auch als Idealist, Positivist, Platoniker und als Eklektiker, der weder selbst ein philosophisches System aufstellt, noch irgendein anderes übernimmt, sondern sich je nach Bedarf das gerade Passende aus verschiedenen Systemen auswählt.

„Einfachheit und Sparsamkeit sind die Ideale einer wissenschaftlichen Theorie!"

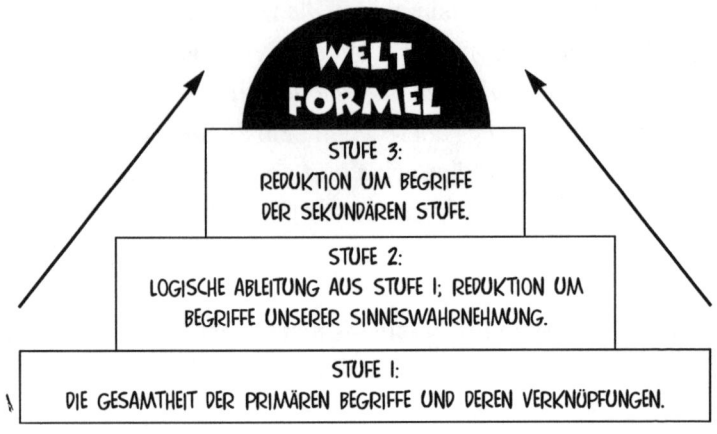

WELT FORMEL

STUFE 3:
REDUKTION UM BEGRIFFE
DER SEKUNDÄREN STUFE.

STUFE 2:
LOGISCHE ABLEITUNG AUS STUFE I; REDUKTION UM
BEGRIFFE UNSERER SINNESWAHRNEHMUNG.

STUFE I:
DIE GESAMTHEIT DER PRIMÄREN BEGRIFFE UND DEREN VERKNÜPFUNGEN.

DIE SCHAFFUNG EINER WISSENSCHAFTLICHEN THEORIE

* * *

„MANCHE FORSCHER BEWEGT LEDIGLICH DAS BLOSSE VERGNÜGEN AN REINER GEHIRNAKROBATIK (...!); ANDERE NUR IHR STREBEN NACH RUHM UND ERWERBSSINN!"

A.E.

* * *

1901 erschien in den „Annalen der Physik" Einsteins erste Publikation „Folgerungen aus den Capilaritätserscheinungen", der in den kommenden Jahren mehrere folgen sollten.

1905 war nicht nur für Einstein ein entscheidendes Jahr – es sollte auch für die klassische Physik ein neues Zeitalter beginnen; eingeleitet von Einsteins bahnbrechenden Gedanken, die er in diesem ergiebigen „Wunderjahr" publizierte.

Es war auch das Jahr, in dem er seine Dissertation „Eine neue Betimmung der Moleküldimensionen" einreichte. Die erste seiner Veröffentlichungen war die

LICHTQUANTEN-HYPOTHESE,

die er mit „Über einen die Erzeugung und Verwandlung des Lichts betreffenden heuristischen Gesichtspunkt"

SIR ISAAC NEWTON

betitelte. Darunter war eine Arbeitshypothese (Heuristik) zu verstehen, die den Forschern ein besseres Verständnis der Wellenbewegung des Lichts ermöglichen sollte – die Annahme, daß das Vorhandensein der Duplizität des Lichts (Korpuskeln oder Wellen) veranschaulichte. Dabei basierten Einsteins Forschungen auf den Theorien des britischen Gelehrten Sir Isaac Newton (1643-1728), der annahm, daß Licht aus Teilchen („Korpuskel": Materieteilchen) bestünde,

MAX PLANCK

die sich im Äther bewegten; und der Anfang des 20. Jahrhunderts aufgestellten Theorie Max Plancks (1858-1947), „Die schwarze Wärmestrahlung", in der das Vorhandensein von Photonen (Lichtquanten) zur genauen Beschreibung der Wärmestrahlung verwendet wurde.

Eine weitere Abhandlung Einsteins beschäftigte sich mit dem Phänomen der

BROWNSCHEN MOLEKULARBEWEGUNG.

Diese wurde nach dem schottischen Botaniker Robert Brown (1773-1858) benannt, der bereits im Jahre 1827 Zitterbewegungen in kleinen Teilchen von Pflanzenzellen beobachtete und diese auf die thermische Bewegung der in ihnen enthaltenen Moleküle zurückführte. Einstein wußte zwar über ein Vorhandensein der Theorien Browns Bescheid, machte sich aber unabhängig davon ans Werk, um die Teilchenbewegungen in Flüssigkeiten zu erforschen. In der Einleitung zu seiner Publikation wies Einstein auf eine mögliche Ähnlichkeit zur „Brownschen Molekularbewegung" hin, fügte aber hinzu, daß er sich darüber kein Urteil bilden könne, da seine

Kenntnis darüber zu gering sei. Einstein erkannte, daß kleinste, in einer Flüssigkeit fein verteilte (suspendierte) Teilchen Zitterbewegungen ausführten. Er beobachtete und berechnete, daß die Schwankungen umso kleiner sind, je größer die Teilchen sind (vergleichbar mit einem Boot auf dem Meer). Einstein betitelte seine Abhandlung mit „Über die von der molekularkinetischen Theorie der Wärme geforderte Bewegung von in ruhenden Flüssigkeiten suspendierten Teilchen".

Die dritte und wahrscheinlich aufsehenerregendste Abhandlung Einsteins in diesem schaffensreichen Jahr war:

ZUR ELEKTRODYNAMIK
BEWEGTER KOERPER.

In ihr brachte er erstmals seine Gedanken zur **„Speziellen Relativitätstheorie"** zur Veröffentlichung. (Beschreibung: s. S. 142)

Der sechsundzwanzigjährige Albert war sich seiner Leistungen bewußt, nicht zuletzt dadurch, daß er eine große Anzahl an Anerkennungsschreiben erhielt, unter anderem von Max Planck.
Er wurde sogar als ein **„neuer Kopernikus"** bezeichnet.

In den darauffolgenden Jahren beschäftigte man sich mit Untersuchungen, die Einsteins Theorien bestätigen bzw. „für falsch" erklären sollten. Allerorts wurden zu

MIT LICHTGESCHWINDIGKEIT GELAUFEN –
DOCH JETZT BLEIB ICH STEHEN,
ICH HATTE RECHT, DASS UHREN LANGSAMER GEHEN!
DORT IST ES ACHT UND AUF MEINER UHR SIEBEN.
AH NEIN, WELCH EIN PECH, SIE IST NUR STEHENGEBLIEBEN!

DOCH ICH BEWEISE ES ALLEN, DASS MEINE GEDANKEN WOHL RICHTIG,
DENN SIE SIND FÜR DIE WELT DER PHYSIK ÄUSSERST WICHTIG.

EINEN „NEUEN KOPERNIKUS", HABEN SIE MICH GENANNT,
UND MEINE THEORIE WIRD BERÜHMT, SCHNELL IM LAND.
DOCH DER RUHM IST NICHT WICHTIG, GANZ EGAL, OB ER BLEIBT.
ES IST MEINE NEUGIER, DIE ZU DEN TATEN MICH TREIBT.

HERR EINSTEIN, WAS
SAGEN SIE ALS GENIE
ÜBER DIE FRAUEN
SCHLECHTHIN?

WAS HAT DER LIEBE GOTT GEDACHT,
ALS DIE FRAUEN ER GEMACHT?
HEILIG TUN SIE INS GESICHT -
HINTEN RUM SCHÄMT MAN SICH NICHT!

A.E.

dieser Thematik Vorträge gehalten. 1908 referierte
Hermann Minkowski in Köln über „Raum und Zeit". Der
Raum wurde als ein dreidimensionales Kontinuum gesehen, in dem die Lage jedes fixen Punktes durch drei
Koordinaten (x, y, z) exakt
zu definieren sei. Unter
dem Begriff eines Kontinu-
ums ist in diesem Zusam-
menhang zu verstehen, daß
es beliebig viele „benach-
barte" Punkte geben kann,
die sich demnach auch in
beliebigen Abständen befinden. Ein Kontinuum ist also
die Gesamtheit einer phy-
sikalischen oder mathema-
tischen Größe, die, mit

HERMANN MINKOWSKI

einer Variabel bezeichnet, beliebige Werte anehmen kann
– im Gegensatz zu einer „diskreten Größe", die nur
bestimmte Zahlenwerte ergibt. Aufgrund der von Einstein der dreidimensionalen Bestimmungsmöglichkeit
(Koordinate) eines Punktes noch hinzugefügten
„**4. Dimension**" – der Zeit – sprach Minkowski von einem

RAUM - ZEIT - KONTINUUM,

in dem alle einzelnen Punkte und Ereignisse durch vier
Koordinaten (x, y, z, t) bestimmt werden.
Heute gibt es bereits Vermutungen, daß der Raum an
sich kein Kontinuum darstellt ...

AUF DEM WEG INS „GOLDENE PRAG"

In den darauffolgenden Jahren erhielt Einstein ständig Besuch; darunter auch von anerkannten Physikern, die alle mit ihm über seine Relativitätstheorie diskutieren wollten und eventuelle eigene Unklarheiten durch den Verfasser selbst bereinigen ließen.

MAX VON LAUE

Unter ihnen befand sich auch der deutsche Physiker und spätere Nobelpreisträger Max von Laue (1879-1960), der Einstein persönlich kennenlernen wollte und ihn deshalb im Berner Patentamt aufsuchte. Max von Laue wurde durch das nach ihm benannte Verfahren bekannt, mittels dessen die Struktur von Kristallen durch Röntgenstrahlen analysiert werden kann. Die bei der Methode auf Kristallplättchen gerichteten Strahlen (gebündelt) hinterlassen auf einer dahinter befestigten Photoplatte ein entsprechendes Pünktchenmuster, woraus unter der Zuhilfenahme der „Laue Gleichung" nähere Eigenschaften des Kristallgitters errechenbar sind.

Auch Max Planck beschäftigte sich intensiv mit der Relativitätstheorie und stand in regem Briefkontakt mit Einstein.

Entscheidend für das allgemeine Interesse war ebenso der 1907 verfaßte Aufsatz mit dem Titel: „Über das Relativitätsprinzip und die aus demselben gezogenen Folgerungen". Darin stellte Albert unter anderem fest, daß die Masse als ein direktes Maß für die in einem Körper enthaltene Energie zu sehen ist und stellte folgende, allseits bekannte, Formel auf:

$$E = m \cdot c^2$$

Also Energie ist das Produkt aus Masse mal Lichtgeschwindigkeit zum Quadrat.

Auch die akademische Karriere war
vorangeschritten. 1906 erhielt
Einstein für seine im Jahr zuvor ein-
gereichte Dissertation seinen Doktorgrad. Im Jahr darauf reichte er
seine „Habilitation" ein, die aber
nicht eine eigens verfaßte Schrift
war, sondern aus einer Sammlung
verschiedenster Sonderdrucke sei-

ner Veröffentlichungen bestand, denen er seinen
Lebenslauf beilegte. Aufgrund der damals noch unge-
bräuchlichen Form wurde das Ansuchen zu Alberts
bitterer Enttäuschung abgelehnt.

Er machte sich jedoch einige Monate später abermals
ans Werk und verfaßte diesmal die verlangte
Habilitationsschrift, bei der er seine Erfahrungen in
bezug auf die Lichtquantentheorie und die Wellen- und
Korpuskeleigenschaften des Lichts ausarbeitete. Sie
hatte den Titel: „Folgerungen aus dem Energieverteilungs-
gesetz der Strahlung schwarzer Körper, die Konstitution
der Strahlung betreffend".

Einsteins Habilitation wurde befürwortet, er erhielt die „venia legendi" und begann im Wintersemester 1908/1909 mit seinen Vorlesungen an der Berner Universität. Der Zulauf der Studenten ließ jedoch zu wünschen übrig, war sogar an den Fingern einer Hand abzuzählen ...

Im Februar besuchte Professor Alfred Kleiner, der Direktor der Hochschule Zürich, eine dieser Vorlesungen und erlebte Einstein bei einem schlecht vorbereiteten Vortrag; er ließ sich jedoch davon überzeugen, ihn zu einer Gastvorlesung nach Zürich einzuladen. Dort glänzte Albert Einstein, der sich, der Chance bewußt, auf diesen Tag besonders vorbereitet hatte, und Kleiner verfaßte in seiner Bewertung eine wahre Lobeshymne auf Einstein. Diese hatte zur Folge, daß Einstein kurz nach seinem dreißigsten Geburtstag einen außerordentlichen Lehrstuhl für theoretische Physik an der Universität Zürich erhielt. Er kündigte zur Verwunderung des Direktors seine Stelle am Patentamt und trat im

Herbst seine Lehrstelle an. Am 28. Juli 1910 kam Einsteins zweiter Sohn Eduard zur Welt. Die Familie wohnte in der Moussonstraße 12, direkt über der Wohnung seines späteren Freundes, des Physikers Friedrich Adler; der Sohn Victor Adlers, des Führers der Sozialdemokratischen Partei Österreichs, sollte sich wie sein Vater für eine politische Karriere entscheiden.

In Zürich bereitete sich Einstein auf seine Vorlesungen gewissenhafter vor und konnte sich durch sein liebenswürdiges, hilfsbereites und ganz und gar nicht eitles Wesen schon bald der Zuneigung seiner Studenten gewiß sein.

In der Zwischenzeit war an der Universität in Prag ein Lehrstuhl für theoretische Physik freige-worden, für den außer Einstein nur der aus Brünn stammende Prof. Gustav Jaumann in Frage kam. Letztendlich war es Einstein, der die Berufung erhielt, sich entschied, dieser nachzukommen und Ende März des Jahres 1911 mit seiner Familie nach Prag zog.

Doch die Familie erkannte schnell, daß die Lebensquali-tät in Prag jener in der Schweiz um vieles nachstand; und auch das Umfeld an der Universität war für Einstein nicht besonders zufriedenstellend.

1901 Erste Arbeitsstelle am Technikum in Winterthur; Privatlehrer in Schaffhausen. Veröffentlichung: „Folgerungen aus den Capilaritätserscheinungen".

1902 Tod von Hermann Einstein. Einstein gibt Privatstunden. Arbeitsantritt am Berner Patentamt. Gründung der „Akademie Olympia".

1903 Einstein heiratet am 6. Januar Mileva Marić.

1904 Geburt des ersten Sohnes Hans-Albert am 14. Mai.

1905 Einstein veröffentlicht mehrere Abhandlungen; darunter seinen ersten Entwurf der „Speziellen Relativitätstheorie" und die „Lichtquanten-Hypothese". Einreichung seiner Dissertation.

1906 Einstein erhält den Doktorgrad.

1907 Erfolgsloses Einreichen der Habilitation. Besuch von Max von Laue im Patentamt.

1908 Einsteins zweite Habilitation wird anerkannt. Erste Vorlesungen in Bern, jedoch mit geringem Zulauf.

1909 Außerordentliche Professur an der Züricher Universität.

1910 Geburt des zweiten Sohnes, Eduard, am 28. Juli.

1911 Übersiedlung nach Prag. Amtsantritt als Professor für theoretische Physik.

EIN „ALLGEMEIN RELATIV" PRODUKTIVES JAHR IN ZÜRICH

Während Einstein sich mit den ersten Gedanken zur Verallgemeinerung seiner Relativitätstheorie beschäftigte, erhielt er eine Einladung zu dem 1911 stattfindenden „Solvay-Kongreß" nach Brüssel. Er nahm die Gelegenheit wahr und konnte auf der international hochkarätig besetzten Veranstaltung beruflich für ihn wichtige Bekanntschaften machen und Freundschaften mit einigen berühmten Persönlichkeiten

schließen, zu denen auch Madame Curie, der Brite Lord Ernest Rutherford oder der aus den Niederlanden stammende Hendrik Antoon Lorentz gehörten.

Auf dem Kongreß kursierte das Gerücht, daß die Wiener Universität an Einstein interessiert wäre und, um in bemüht, eine Berufung erwäge. Aber auch die Züricher Eidgenössische Technische Hochschule (ETH) versuchte, Einstein zu einer Rückkehr in die Schweiz zu bewegen.

Einstein, in der Zwischenzeit österreichischer Staatsbürger geworden, gefiel der Gedanke eines Lehrstuhls an der ETH. Doch es war noch nicht soweit. Erst mußten Gutachten eingereicht werden, um Einsteins Befähigung nachzuweisen. Sogar Madame Curie bemühte sich, die Berufungsdiskussion mittels einer schriftlichen Befürwortung positiv zu beeinflussen.

Der freigeistige Albert befand sich aber noch in Prag und hatte besonders mit dem Bürokratismus zu kämpfen; das Beamtentum, für dessen Ausuferungen die Österreichisch-Ungarische Monarchie bekannt war und an denen sich das heutige Österreich noch immer erfreut. Auf einer von Einstein am Institut eingereichten Glasrechnung, die nach Monaten „zur näheren Erklärung des Vorgangs" an ihn retourniert wurde, soll er pointiert vermerkt haben:

„Die Zettelwirtschaft im Amt ist endlos – alles, wie es scheint, um den Troß von Schreibern in den Staatskanzleien einen Schein von Daseinsberechtigung zu geben!"

Ein Mitgrund für Einsteins Berufung war, daß man sich durch ihn ein bis dato noch vernachlässigtes Einbinden von aktuellen Theorien und Forschungsergebnissen erwartete. Und so kehrte er wieder in die Schweiz zurück, wohnte in der Hofstraße 116 in Zürich und begann im Oktober 1912 mit seiner Tätigkeit am Polytechnikum – an der heiligen Stätte der Weisheit, die ihn als Sechzehnjährigen nicht aufnehmen wollte, für die er nach seiner Diplomprüfung für eine Anstellung zu wenig pflichtbewußt war und die seine erste Diplomarbeit abgelehnt hatte, da diese auf dem falschen Papier geschrieben worden war.

Parallel dazu fanden auch in Berlin unter der Federführung Max Plancks Aktivitäten statt, Einstein nach Deutschland zu verpflichten. Planck, der mittlerweile eine wichtige Position an der

PREUSSISCHEN AKADEMIE DER WISSESCHAFTEN

bekleidete, verfaßte über Alberts Fähigkeiten ein Gutachten, und auch das preußische Kultusministerium setzte sich für dessen Berufung ein. Einstein sollte die Möglichkeit bekommen, ohne jede Verpflichtung, aber mit dem Recht auf Vorlesungen, seinen Forschungen an der Akademie unbelastet nachgehen zu können, und das bei sehr guter Bezahlung. Max Planck und Hermann Nernst waren nach Zürich gereist und versuchten Einstein zu

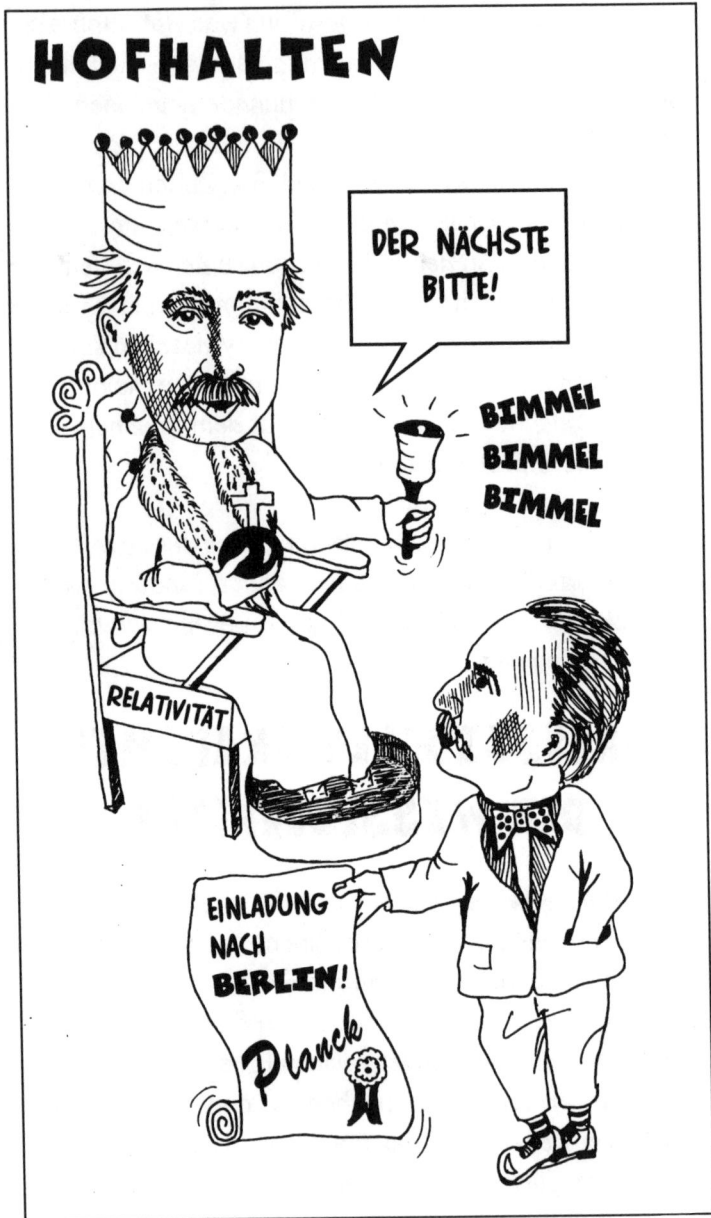

seiner Zusage zu bewegen. Es gelang ihnen schließlich, nachdem Sie seine anfänglichen Bedenken in bezug auf die politischen Strömungen in Deutschland entkräftet hatten.

MARCEL GROSSMANN

Einstein befand sich 1912/13 aber noch in Zürich und arbeitete mit seinem ehemaligen Studienkollegen und jetzigen Kollegen, Marcel Großmann, der an der Hochschule „Darstellende Geometrie" unterrichtete, intensiv an einer Verallgemeinerung seiner Relativitätstheorie. Einstein war noch nie ein besonderer Freund der Mathematik gewesen und überließ diesen Part der Forschungen Großmann; er selbst kümmerte sich um den physikalischen Teil. Und schon bald publizierten sie ihre Ergebnisse:

ENTWURF EINER VERALLGEMEINERTEN RELATIVITÄTSTHEORIE UND EINER THEORIE DER GRAVITATION

Im April 1913 hielt Einstein einen ruhmreichen Vortrag an der Pariser Sorbonne und im September besuchte er die

Jahrestagung der Naturforscher und Ärzte in Wien. Er sollte bei diesem Kongreß einen Vortrag über die Allgemeine Relativitätstheorie halten.

Einstein kündigte im November seine Stellung in Zürich und zog im April des Jahres 1914 nach Berlin – und zwar alleine. Seine Ehe mit Mileva war am Tiefpunkt angelangt. Er konnte ihre permanente Schwermut, ihre Eifersuchtsanfälle und ihre Depressionen nicht mehr ertragen. Allerdings bemühte er sich auch gar nicht darum. Er hatte seine Wissenschaft – und er hatte seine lebensfrohe und in Berlin wohnende Cousine Elsa, mit der er in regelmäßigem Briefkontakt stand und die sein Herz erobert zu haben schien. In ihren Briefen wurde bereits über eine baldige Scheidung von Mileva ("seinem Kreuz") gesprochen, zu der es aber erst einige Jahre später kommen sollte.

„IN BERLIN GAB ES ZWEI ARTEN VON PHYSIKERN – EINSTEIN UND ALLE ANDEREN!"

Es war Ende April, als Mileva mit den Kindern in Berlin eintraf. Albert kümmerte es wenig, da er seine Zeit zum Großteil an der Akademie, im wöchentlich stattfindenden physikalischen Kolloquium und den vierzehntägigen Sitzungen der Physikalischen Gesellschaft verbrachte. Doch bereits im Juni waren seine Beziehungsnöte schon wieder so präsent, daß er sich entschloß, sich von seiner Frau zu trennen. Mileva kehrte mit den beiden Kindern nach Zürich zurück, und Einstein blieb alleine in Berlin – nicht ganz alleine, er hatte die Wissenschaft, seine Bücher, seine Freunde und es gab ja auch noch Elsa ...

Die Reichshauptstadt Berlin war dieser Tage eine Wiege des Wissens. Auch im Bereich der Physik waren Persönlichkeiten anzutreffen, die heute Weltruhm besitzen:

- **Madame Curie***   **Albert Einstein***
- **Max Planck***   **Gustav Hertz***
- **Walther H. Nernst**   **James Franck**
- **Max von Laue***

Einige von ihnen hatten im Laufe ihres Lebens auch den Nobelpreis (*) erhalten.

Einstein war erst einige Monate in Berlin, als am 24. Juni 1914 das österreichisch-ungarische Thronfolger-Ehepaar Erzherzog Ferdinand und Sophie in Sarajevo einem serbischen Attentat zum Opfer fielen.

Kaiser Franz Joseph I. stellte darauf Serbien das „10 Punkte-Ultimatum", das im Grunde unerfüllbar war. Er wollte in einem schnellen Krieg die Tat gesühnt wissen, an Ansehen gewinnen und dem kriegerischen Treiben am Balkan ein Ende bereiten. Am 28. Juli erklärte die Donaumonarchie Österreich-Ungarn Serbien den Krieg. Der

ERSTE WELTKRIEG

begann, und auch der deutsche Kaiser Wilhelm II. stieg auf seiten Österreichs in den Krieg ein.

FRITZ HABER, DIREKTOR DES KAISER-WILHELM-INSTITUTS

So sehr der Großteil der Bevölkerung von diesem Krieg
begeistert gewesen sein mag, so sehr hatte sich das
Kaiserhaus mit vehementen Vorwürfen aus akademi-
schen Kreisen auseinanderzusetzen. Daher verlangte
die Regierung eine öffentliche positive Stellungnahme
der „geistigen Elite" zum Krieg. Das Ansehen Deutschlands hatte darunter gelitten, daß preußische Truppen
in vorangegangenen Kämpfen ihre Feinde (und auch
Zivilisten) brutalst getötet hatten und mit ihrer
Artillerie vor nichts haltgemacht hatten. Alles, was
sich ihnen in den Weg stellte oder ihre Pläne durch-
kreuzt wurde eleminiert. Dabei fielen den Sturmtruppen
zwangsläufig auch wertvolle Kulturstätten zum Opfer,
wie zum Beispiel die Bibliothek der belgischen Stadt

„Löwen", deren wertvolle Schätze ein Raub der Flammen wurden. Besonders diese Vorfälle in Belgien rückten Deutschland aus der Sicht des Auslands in ein blutrünstiges und unmenschliches Licht. Und auch Vergleiche mit barbarischen Kriegsvölkern aus der Geschichte wurden laut. Das wollten die deutschen Gelehrten nicht auf sich sitzen lassen.

So kam es also zu der von deutschen Kulturschaffenden proklamierten Abhandlung „An die Kulturwelt". Sie erklärten in ihrem Aufruf, sich mit den militärischen Zielen Kaiser Wilhelms genauso verbunden zu fühlen, wie mit den kulturellen Zielen ihrer eigenen Tätigkeit und daß die getätigten Vorwürfe gegenüber den militärischen Vorgängen ganz und gar nicht berechtigt wären. Bei der Abschrift, die an die hundert deutsche Wissenschaftler unterschrieben hatten, sprach man vom:

MANIFEST DER DEUTSCHEN INTELLEKTUELLEN

Einstein war nicht darunter – ganz im Gegenteil, er versuchte mittels eines pazifistischen Aufrufes, andere Wissenschaftler Europas dafür zu gewinnen, gegen den Krieg einzutreten.

SPARE SEIFE!

DENN SIE BESTEHT AUS DEN JETZT SO NÖTIGEN UND KNAPPEN FETTEN UND OELEN.

ABER WIE?

TAUCHE DIE SEIFE NIE IN DAS WASCHWASSER!
HALTE SIE NIE UNTER FLIESSENDES WASSER!
VERMEIDE ÜBERFLÜSSIGES SCHAUMSCHLAGEN!
HALTE DEN SEIFENNAPF STETS TROCKEN!

HILF DIR,
DURCH DEN GEBRAUCH VON BÜRSTEN, SAND, BIMSTEIN, HOLZASCHE, SCHEUERGRAS (ZINNKRAUT), ZIGARRENASCHE UND DURCH HÄUFIGES WASCHEN IN WARMEM WASSER!

KRIEGSAUSSCHUSS FÜR OELE & FETTE

AUFRUF AN DIE BEVÖLKERUNG (DEZEMBER 1914)

Abseits seiner ersten politischen Aktivitäten arbeitete Albert an seinen Gravitationstheorien und der damit verbundenen Allgemeinen Relativitätstheorie. Einsteins Mühen und seine Ausdauer hatten sich bezahlt gemacht. Er erkannte, daß er, wie schon manchmal, Testergebnissen einen zu hohen Stellenwert eingeräumt hatte. Seine verwendeten Theorien (Feldgleichungen) vergangener Tage waren richtig gewesen, nur die Versuche hatten zu falschen Ergebnissen geführt. Und so kam es dazu, daß Einstein, beflügelt von dieser Erkenntnis, eine neunseitige Abhandlung an die Akademie der Wissenschaften sandte, die den Titel trug:

ZUR ALLGEMEINEN RELATIVITAETSTHEORIE

Damit hatte er eines der bedeutendsten Werke seiner Zeit verfaßt. Es kam zu den gleichen Reaktionen wie nach der Publikation der Speziellen Relativitätstheorie. Einerseits gab es jene, die fasziniert waren von Einsteins erfolgreichen Forschungsergebnissen und sich mit ihm freuten. Diesen standen naturgemäß die Neider gegenüber, die, getrieben von eigener Gier nach Ruhm oder Unverständnis versuchten, Einstein das Leben schwer zu machen beziehungsweise seiner Reputation bei jeder Gelegenheit zu schaden. Unverständnis war es auch, womit die meisten zu kämpfen hatten, und zwar nicht nur die weitgehend ungebildete Bevölkerung, sondern genauso die hellsten Köpfe aus den Reihen der Physiker, die mit den abstrakten Theorien „nichts" anzufangen wußten.

Aber nicht nur Einstein forschte emsig; auch zahlreiche andere Pysiker und Chemiker arbeiteten beherzt und entwickelten noch effizientere, noch gefährlichere und noch brutalere Kriegsgeräte und Kampfstoffe, um den Deutschen einen Vorsprung im Krieg zu verschaffen. Giftgas (Chlorgas und Phosgen) kam im Ersten

Weltkrieg erstmals zum Einsatz und raffte Zigtausende dahin. Die deutsche Forschungszentrale für die Entwicklung dieser chemischen Waffen war, wie konnte es anders sein, das Kaiser-Wilhelm-Institut in Berlin.

Einstein hatte inzwischen die Wohnung gewechselt, lebte nun in der Wittelsbacherstraße 13 in Berlin-Wilmersdorf, war zum Vorsitzenden der Deutschen Physikalischen Gesellschaft ernannt worden und trat

damit die Nachfolge Max Plancks an. Aufgrund seiner ungesunden Lebensweise war Einstein schwer erkrankt und litt an einem Magengeschwür. Elsa nahm sich seiner an, pflegte ihn gesund, und die beiden beschlossen im Herbst 1917 zusammenzuziehen.

Im selben Jahr erschien im Vieweg Verlag Einsteins „Bestseller":

ÜBER DIE SPEZIELLE UND DIE ALLGEMEINE RELATIVITÄTSTHEORIE

Im Jahre 1918 kam es auch in einigen Städten Deutschlands (nach dem Vorbild Rußlands) zu Revolutionen und in den letzten Kriegstagen am 9. und 10. November zu einer blutigen Revolte in Berlin, der ein vom Arbeiter- und Soldatenrat ausgerufener Generalstreik vorausgegangen war.
Kaiser Wilhelm II. dankte ab, und am 11. November wurde der Waffenstillstandsvertrag unterschrieben. Die Monarchie war zusammengebrochen und die

ERSTE DEUTSCHE REPUBLIK

wurde vom Balkon des Berliner Reichstages verkündet. Die Friedensverhandlungen von Versailles begannen erst am 18. Januar 1919, und am Tag darauf wurde zum Zwecke der Verfassungsgebung in der deutschen Republik die Weimarer Nationalversammlung gewählt.

1911	Einstein besucht den Solvay-Kongreß in Brüssel.
1912	Übersiedlung und Lehrstuhl an der Eidgenössischen Technischen Hochschule (Polytechnikum) in Zürich.
1913	Gemeinsame Veröffentlichung mit Marcel Großmann: „Entwurf einer verallgemeinerten Relativitätstheorie und eine Theorie der Gravitation". Besuch des in Wien stattfindenden Kongresses der Naturforscher und Ärzte.
1914	Übersiedlung nach Berlin. Trennung von Mileva, die mit beiden Söhnen nach Zürich zurückkehrt. Ausbruch des Ersten Weltkriegs am 28. Juli.
1915	Veröffentlichung von: „Zur Allgemeinen Relativitätstheorie".
1917	Erkrankung Einsteins. Erscheinen des Buches: „Über die spezielle und die allgemeine Relativitätstheorie".
1918	Revolutionen in ganz Deutschland. Blutiger Aufstand in Berlin im November. Kaiser Wilhelm II. dankt ab. Waffenstillstandsabkommen am 11. November. Ausrufung der „Ersten Deutschen Republik".
1919	Am 18. Januar beginnen die Verhandlungen zum Friedensvertrag in Versailles.

SONNENFINSTERNIS IN BRASILIEN

Im Berlin der ersten Nachkriegsjahre war auf beharr-
liches Drängen des Astronomen und späteren Leiters
des Einstein-Instituts Erwin Freundlich eine neue
Sternwarte in Potsdam gebaut worden,

DER EINSTEIN-TURM.

Das Areal, auf dem der Turm errichtet worden war,
gehörte zum Astrophysikalischen Observatorium.

Der Architekt, der hinter dem monumentalen Bauwerk stand, war Erich Mendelsohn, der für sein erstes Werk weltweite Anerkennung erhielt.

Einsteins Ehe mit Mileva wurde am 11. Februar 1919 gerichtlich geschieden.

Im darauffolgenden März sollte eine Sonnenfinsternis stattfinden. Anhand dieser wollten britische Forscher einige Theorien Einsteins, die in der Relativitätstheorie enthalten sind, nachweisen. Der Urheber dieses

DER FRIEDE HAT SICH AUSGEBREITET,
DAS DEUTSCHE REICH WIRD NEU GELEITET
SO WERD' AUCH ICH JETZT STRENG GEFÜHRT,
'S IST ELSA, DIE HAUS UND LEBEN REGIERT!

SIR STANLEY EDDINGTON

Vorhabens war der Wissenschaftler Sir Stanley Eddington.

So wurden zwei Expeditionen gestartet, die das vorhergesagte Spektakel am 29. Mai in den Tropen beobachten und mit Forschungsergebnissen heimkehren sollten. Die eine führte nach Sobral in Nordbrasilien, die andere ging auf die portugiesische Insel Principe, vor der afrikanischen Küste, im Golf von Guinea gelegen. Die Gelehrten sollten die

LICHTABLENKUNG AN DER SONNE

beobachten und überprüfen, ob, wie Einstein es postuliert hatte, die von den am Sonnenrand befindlichen, benachbarten Fixsternen ausgesandten Lichtstrahlen abgelenkt werden, wenn diese das Gravitationsfeld der Sonne durchqueren. Das Ergebnis war verblüffend.

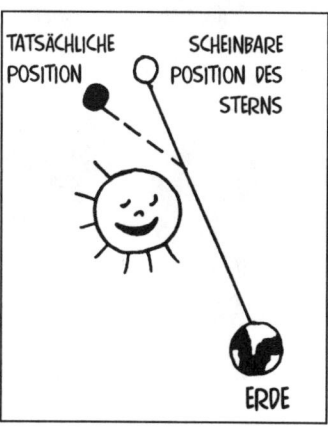

Als die Forscher im Oktober heimkehrten, legten sie ihre Resultate der Royal Academy vor – ihre Messungen entsprachen nahezu exakt dem von Einstein verwendeten theoretischen Wert für die Lichtablenkung.

HOCHZEITSGLOCKEN

Während sich die Expeditionen aber in Äquatornähe aufhielten, fand am 2. Juni 1919 die Hochzeit zwischen Albert und seiner Cousine Elsa statt. Elsa, die ebenso bereits eine unglückliche Ehe hinter sich hatte, brachte ihre beiden Töchter in die Verbindung mit, Margot und Ilse. Albert fühlte sich in seiner neuen Beziehung wohl. Er brachte dies sogar einmal in Form eines Scherenschnittes zum Ausdruck.

Planckkonstante:
$h = 6{,}6261 \times 10^{-34}$ Js

Gravitationskonstante:
$G = 6{,}673 \times 10^{-11}$ Nm^2/kg^2

!

Gegen Ende des Jahres erkrankte Alberts Mutter
Pauline schwer, und Elsa entschloß sich, ihre Tante bei
sich zu Hause aufzunehmen und zu pflegen.
Einsteins Mutter starb aber bereits im darauffolgenden Jahr, am 20. Februar 1920.

In der 1954 erschienenen Einstein-Biographie, von Carl
Selig, konnte man die Worte lesen, die Einsteins
Schweizer Freunde an ihn schrieben:

ALLE ZWEIFEL SIND ENTSCHWUNDEN,
ENDLICH IST ES NUN GEFUNDEN:
DAS LICHT, DAS LÄUFT NATÜRLICH KRUMM,
ZU EINSTEINS ALLERGRÖSSTEM RUHM!

„AND THE WINNER IS ..."

Weltweit war in allen Gazetten über Einsteins Triumph berichtet worden. Er war noch berühmter geworden und erhielt ringsum Beifall und Anerkennung. Gerne zeigte man sich mit dem Genie, der das eine Mal als „deutscher Gelehrter", das andere Mal als „Schweizer Jude" bezeichnet wurde.

Anders jedoch erging es den übrigen Juden im damaligen Deutschland. Wie immer, mußte doch jemand schuld gewesen sein an der Misere, in der sich das Land befand. Und wie schon so oft in der Vergangenheit, bot sich natürlich „der Jude" als Zielobjekt der Schuldzuweisungen an. Aber man war gnädig und unterschied nicht nur zwischen „Jude" und „Nicht-Jude", es gab

DEN „GUTEN" UND DEN „SCHLECHTEN" JUDEN

Als „gut" galten vorerst noch diejenigen, die schon immer in Deutschland gelebt hatten – die Zuwanderer aus dem Osten waren die „Bösen". Einstein beschloß, sich fortan auch in der Öffentlichkeit für das Judentum einzusetzen und dabei seine Popularität bewußt und gezielt zu nutzen.

Aber Einstein war nicht überall beliebt. Gab es doch

PHILIPP LENARD

den Heidelberger Nobelpreisträger Philipp Lenard, den Anführer der „Arbeitsgemeinschaft deutscher Naturforscher zur Erhaltung reiner Wissenschaft" wurde. Dieser rief zusammen mit dem Initiator dieser Gruppierung, dem Berliner Paul Weyland, zu einer wahren Hetzjagd gegen den im Rampenlicht stehenden Einstein und dessen Theorien auf. Alles wurde durch den Schmutz gezogen: die Euphorie, mit der die Wissenschaft und die Bevölkerung Einstein begegneten, seine Medienpräsenz, ja sogar die Allgemeine Relativitätstheorie wurde als

„TYPISCHER JUDENBETRUG"

dargestellt. Größerer Schaden konnte aber durch die objektiven Kollegen Einsteins weitestmöglich verhindert werden. Auch der Großteil der Bevölkerung stand hinter dem großen Gelehrten. Doch die „Anti-Einstein-Kampagne" hatte auch ihre Folgen. Während Albert sich gerade im Januar 1921 auf den Weg nach Prag begab, um dort einen Vortrag zu halten, gab es einen gewissen Herrn, namens Adolf Hitler, der im Völkischen Beobachter in dieselbe Kerbe schlug und in bezug auf

jüdische Wissenschaftler von einer

„VERGIFTUNG DER VOLKSSEELE"

schrieb. Davon wollte die Menge aber (noch) nichts wissen, die zu Tausenden zu Einsteins nächstem Vortrag in Wien strömte.

Kurz darauf nahm Einstein Chaim Weizmanns Vorschlag an, ihn nach Amerika zu begleiten, wo dieser sich bei öffentlichen Auftritten für die Errichtung einer Universität in Jerusalem einsetzen wollte. Albert stimmte zu und stellte erfreut fest, wie populär er dort bereits geworden war.

CHARLIE CHAPLIN

WISSEN SIE, WAS UNS BEIDE UNTERSCHEIDET, EINSTEIN?

MIR JUBELN SIE ZU, WEIL MICH JEDER VERSTEHT, IHNEN, WEIL SIE KEINER VERSTEHT!

CHAIM WEIZMANN UND ALBERT EINSTEIN

1921 war aber auch auf dem wissenschaftlichen Sektor ein erfolgsgekröntes Jahr. Albert Einstein erhielt den

NOBELPREIS

für den 1905 von ihm entdeckten „Photoelektrischen Effekt" (Lichtquanten-Theorie).

In den darauffolgenden Jahren bereiste Einstein „die ganze Welt", alle wollten ihn kennenlernen, er wurde eingeladen und hielt Vorträge. Er fuhr nach Hamburg, Genf und Paris, war zu Gast bei der holländischen Königsfamilie, referierte in England, der Tschechoslowakei, in Palästina, Japan und Spanien.

1922 mußte Einstein einen Vortrag absagen, da er im Vorfeld der Veranstaltung erfahren hatte, daß antisemitische Gruppierungen ein Attentat geplant hätten. Er nahm die Tatsache zwar entäuscht, aber relativ gelassen hin und zog es vor zu verreisen, bis die Wogen der Aggression wieder abgeflacht wären.

MOSESSOHN, EINSTEIN, WEIZMANN UND USSISHKIN AUF DEM WEG IN DIE USA.

„Wo ich geh' und wo ich steh'
stets ein Bild von mir ich seh'.
Auf dem Schreibtisch, an der Wand,
um den Hals am schwarzen Band.

Männlein, Weiblein wundersam
holen sich ein Autogramm.
Jeder will ein Kritzel haben
von dem hochgelehrten Knaben.

Manchmal denk' in all dem Glück
ich im lichten Augenblick:
Bist verrückt du etwa selber,
oder sind die anderen Kälber?

A.E.

DIESE WORTE SOLL EINSTEIN ALS WIDMUNG
AUF DIE RÜCKSEITE EINES FOTOS
GESCHRIEBEN HABEN.

1919	Scheidung von Mileva; Hochzeit mit Elsa am 2. Juni. Start von zwei Expeditionen, die in den Tropen die Sonnenfinsternis wissenschaftlich erforschen sollen.
1920	Tod von Einsteins Mutter Pauline. Einstein erlangt durch die Forschungsergebnisse der Expeditionen, die seine Theorien bestätigen, Weltruhm. Beginn der Auseinandersetzungen mit Lenard.
1921	Fertigstellung der Bauarbeiten zum Einstein-Turm. Verleihung des Nobelpreises. Gemeinsame Reise mit Chaim Weizmann nach Amerika.
1922	Vorträge in Hamburg, Paris und Genf.
1923	Einstein übernimmt einen Lehrauftrag in Leiden, nachdem H. A. Lorentz seinen Platz an Ehrenfest übergeben hatte. Reisen nach Palästina, Japan, England, Spanien und die Tschechoslawakei.

WEHRPFLICHT – NEIN DANKE!

Albert hatte Glück, denn es blieb ihm erspart, seine
Bürgerpflicht beim Militär zu erfüllen – er war
untauglich. Zwar berief man Einstein, nachdem er die
Schweizer Staatsbürgerschaft erhalten hatte, zur
Musterung ein, stellte ihn aber aufgrund von Krampf-
adern und Plattfüßen vom Militärdienst frei.

Schon von Kindheit an war Einstein vom Militär nicht
besonders angetan. Ob dafür die in Reih' und Glied auf-
marschierenden deutschen Militärkapellen, die er im
Gegensatz zu seinen Klassenkameraden ganz und gar
nicht nachahmenswert empfand, die Eindrücke des
Ersten Weltkrieges oder die aktuelle politische Lage im
Berlin Anfang der dreißiger Jahre ausschlaggebend
waren, sei dahingestellt. Er selbst soll das Militär als
„schlimmste Ausgeburt des Herdenwesens" folgender-
maßen beschrieben haben:

*„Wenn einer mit Vergnügen in Reih' und Glied zu
einer Musik marschieren kann, dann verachte ich ihn
schon, er hat sein großes Gehirn nur aus Irrtum
bekommen, da für ihn das Rückenmark schon völlig
genügen würde ..."*

Einstein sah zwei maßgebliche Ursachen für den Krieg:
Einerseits das uns anerzogene Streben nach Besitz-
tümern, das nach Einsteins philosophischen Gedanken
nur durch „Verzicht und Selbstbeschränkung" wieder in

den Griff zu bekommen wäre, andererseits der stets in uns schlummernde Nationalismus, der zwar durch gesellschaftspolitische und soziale Regeln gezügelt werden kann, jedoch im Hintergrund immer präsent ist. Vor allem, wenn der einzelne selbst, seine Person, seine Familie oder sein Hab und Gut bedroht sieht, dann sind die künstlich aufgestellten Regeln schnell vergessen. Und sollte aus der Bedrohung ein schwerwiegender Konflikt erwachsen, wird es unweigerlich zu kriegerischen Handlungen kommen, solange es Heere gibt, die auf „Knopfdruck" abrufbar sind.

„DER KRIEG IST KEIN GESELLSCHAFTSSPIEL!" A.E.

SIGMUND FREUD

Einstein unterhielt zum selben Thema einen regen Briefwechsel mit dem Wiener Psychoanalytiker Sigmund Freud. Sie philosophierten über den Sinn des Krieges, die Möglichkeiten für pazifistische Aktivitäten und wie sie selbst, und „hervorragende Menschen" überhaupt, als beispielgebendes Vorbild aktiv werden könnten. Der Briefwechsel kam unter dem Titel **„Warum Krieg"** 1932 zur Veröffentlichung.

MAHATMA GANDHI

ALBERT SCHWEITZER

Es gab für ihn sowohl in philosophischer als auch in pazifistischer Hinsicht zwei große Vorbilder: Mahatma Gandhi, der für seine Ideale ins Gefängnis ging und persönliche Opfer nicht scheute, sowie den Friedensnobelpreisträger Albert Schweitzer, der Einstein mehrmals begegnete und den er als europäisches Pendant zu Gandhi sah und achtete.

Im Jahre 1925 kam es zum **Manifest gegen die Wehrpflicht,** das auch Gandhis Unterschrift trug.

Jahre später hat Einstein aphorismenhaft geschrieben:

„UM EIN TADELLOSES MITGLIED EINER
SCHAFHERDE SEIN ZU KÖNNEN, MUSS MAN VOR
ALLEM SELBST EIN SCHAF SEIN."

ALBERT, SEINE FRAU ELSA UND SEINE STIEFTOCHTER MARGOT

SO LONG GERMANY – HELLO AMERICA!

Es war im Jahre 1927, als der fünfte Solvay-Kongreß in Brüssel stattfand; hochkarätig besetzt, versammelten sich dort Kapazitäten wie Einstein, Heisenberg, Bohr, Curie, Planck, Schrödinger, Lorentz und viele andere. Die Auseinandersetzungen zwischen Einstein und Niels Bohr standen im Mittelpunkt des Kongresses. Bohr, der so wie Heisenberg in Kopenhagen wirkte, hatte das „Komplementaritätsprinzip" ausgearbeitet, und Heisenberg formulierte seine Theorie der „Unschärferelation". Doch Albert, zwar freundschaftlich mit ihnen verbunden, teilte weder die Ansichten der beiden noch deren Deutung der Quantentheorie – der Konflikt war vorprogrammiert. Paul Ehrenfest hatte Einsteins Hartnäckigkeit als „Perpetuum Mobile" beschrieben, da

NIELS BOHR

dieser täglich von neuem gegen die „Kopenhagener Deutung" ankämpfte. Letztendlich konnte sich Einstein den Ergebnissen Heisenbergs und Bohrs nicht mehr verschließen und schlug nur wenige Jahre nach den Kontroversen Heisenberg für den Nobelpreis vor. Er war zur Überzeugung gekommen, daß „die Quantentheorie ein endgültiges Stück Wahrheit enthalte".

Während Einstein sich in den nächsten Jahren immer mehr in seinen Turm zurückzog, entwickelte sich Bohr zum Initiator der Atomphysik.

Beginnend mit dem Wintersemester 1930 hielt Einstein fortan nur den Winter über Vorlesungen in Princeton und war in den Sommermonaten an der Berliner Akademie tätig. Im darauffolgenden Jahr erschien Einsteins Sammelband:

MEIN WELTBILD.

Im Frühjahr 1931 besuchte er Oxford, wo man ihm eines seiner zahlreichen Ehrendoktorate verlieh.

Während sich die Familie Einstein zu Beginn des Jahres 1933 in Pasadena aufhielt, kam es in Deutschland zur Regierungsablöse. Adolf Hitler wurde am 30. Januar zum Reichskanzler ernannt, und somit der Startschuß für die „legitime" Fortführung von Gehirnwäsche und den Greueltaten an den Juden gegeben – und die Bevölkerung stand hinter Hitler, da sie sich von ihm einen Ausweg aus der wirtschaftlichen Krise erhoffte und einen Rückgang der Arbeitslosigkeit erwartete. Selbst die Berliner Akademie verlangte von Einstein Rechenschaft für seine angeblichen staatsfeindlichen Aktivitäten im Ausland. Dieser jedoch wählte den einzig möglichen Ausweg, trat öffentlich aus der Akademie aus

und bekannte, daß es gar keine Hetze gegen Deutschland gebe und schon gar keine Beteiligung seinerseits.
Als er vom belgischen Le Coq aus seine Auswanderung
nach Amerika regelte, wüteten in Deutschland bereits
die Truppen Hitlers. Sie ließen keine Möglichkeit aus, um
jüdische Mitbürger, gestern noch Nachbarn und
Geschäftspartner, zu demütigen und zu peinigen. Die
SA stand vor jüdischen Geschäften und ließ die
Bevölkerung nicht mehr dort einkaufen, zwang andere
mit Prügeln, knieend die Straßen zu schrubben und ent-
hob hochrangige jüdische Beamte ihrer Ämter.

Der Nationalsozialismus breitete sich aus wie eine Seuche. Einstein wurden die deutschen Ehrenbürgerrechte entzogen, auf seinen Kopf eine Prämie ausgesetzt und sein Hab und Gut konfisziert. Im Laufe des Jahres reiste Einstein, von Le Coq aus, drei Mal nach England, wo er mit Politikern über die kritische Lage diskutierte; unter anderen mit Winston Churchill und Sir Austen Chamberlain. Im Oktober 1933 hielt Einstein vor 10.000 Zuhörern einen Vortrag in der Royal Albert Hall, bei dem er die Staatsmänner zu einer friedensorientierten Politik aufrief und darauf hinwies, daß diese mit Hilfe von bedachten Bündnissen zu erreichen wäre.

SIR WINSTON CHURCHILL UND JOSEF STALIN

Wenige Tage später verließen die Einsteins mit dem
Schiff „Westernland" Europa und trafen Mitte Oktober
in New York ein. Sie wohnten in Princeton, zu Beginn in
einem Hotel, und bezogen nach einigen Wochen eine Villa,
in einer idyllischen Grünanlage gelegen. Im darauffolgenden Jahr gab Albert ein Wohltätigkeitskonzert in New
York und folgte mit seiner Frau Elsa der Einladung
Präsident Roosevelts zu einem Abendessen im Weißen
Haus. 1935 erhielten die Einsteins die zeitlich uneinge-
schränkte Aufenthaltsgenehmigung für Amerika und
sollten fünf Jahre auf den rechtlichen Erwerb der
Staatsbürgerschaft warten. Doch Elsa erlebte diesen
Zeitpunkt nicht mehr. Sie verstarb 1936. In ihren letzten
gemeinsamen Sommeraufenthalten hatten sie auf
Rhode Island und in Connecticut ruhige Plätze ausfindig
gemacht, wo Albert neben dem Violinspiel seiner zweiten
großen Leidenschaft, dem Segeln, nachging.

EID AUF DIE AMERIKANISCHE VERFASSUNG (MIT H. DUKAKIS)

DAS JUDENTUM UND DER KRIEG

Er lebte in Princeton, wie Einstein es selbst bezeichnete, „wie ein Bär in seiner Höhle". Dieses Gefühl wurde durch den Tod Elsas noch intensiver. Auch das Institute for Advanced Studies, das Einstein aufgenommen hatte, bot ihm mit seinem klosterartigen Charakter die notwendige Ruhe, die er sein ganzes Leben ersehnt hatte, und er konnte sich hier ungestört seinen Arbeiten widmen.

Nur manchmal kamen Besuche. Diese stiegen aber sprunghaft an, als sich die politische Lage in Europa zuspitzte und täglich hunderte jüdische Auswanderer in Amerika eintrafen. Man wollte nähere Stellungnahmen Einsteins zu diesen Vorkommnissen einholen.
Er sah die Situation des Judentums als moralischen Gradmesser und betrachtete die Juden als eine Minderheit,

 die bemüht war, alte Kulturtraditionen zu bewahren;

 die das abendländische Kulturgut bereichert hatte;

 die von einem ausgeprägten Sinn für Wahrheit, Gerechtigkeit und Freiheit gekennzeichnet war.

Aber auch Einstein mußte erkennen, daß der Antisemitismus in Deutschland und Österreich immer bedrohlichere Ausmaße annahm. Die Bevölkerung ließ es geschehen – und es geschah. Nicht-jüdische Mitbürger, die Zeuge der menschenunwürdigen Aktionen wurden, sahen weg, suchten schnell das Weite und versuchten sich selbst nicht in Gefahr zu bringen.

Wie ist es möglich, daß trotz täglicher öffentlicher Demütigungen jüdischer Mitbürger und antisemitischer Hetze, Zeitzeugen beschwören, sie hätten nichts davon gewußt?

Kann es sein, daß fünfzehn- bis fünfundzwanzigjährige, selbständig denkende Menschen nicht mitbekommen hatten, daß der Kaufmannsladen „an der Ecke" verwüstet, daß Nachbarn abtransportiert worden waren, und daß es Konzentrationslager gab ...?! Konnten oder „wollten" sie nichts mitbekommen, oder liegt die Lösung darin, daß die Gefühlseindrücke dieser Tage so massiv waren, daß nur ein Negieren, ein „Das-kann-es-doch-gar-nicht-geben", sie am Leben- und ihre eigene Angst und den Schrecken dadurch in Zaum hielt? Ein Verdrängen also – ein Wegsehen und Weghören zum Zwecke der Selbsterhaltung ...

* * *

Einstein empfand den Gedanken der Rückführung der weltweit verstreuten Juden nach Palästina als „edle Aufgabe". Diese Gemeinschaft könnte ein geistiges Zentrum bilden und von beispielgebender Moral für die ganze Welt sein.

Bei seinen Überlegungen hatte Einstein vielleicht auch vor Augen, daß viele der begnadetsten Wissenschaftler, Maler, Literaten, Musiker, Mediziner, Staatsmänner ... jüdischer Herkunft waren und bis zum heutigen Tage sind – Sigmund Freud, Egon Schiele, Thomas Mann, Alban Berg, Arnold Schönberg, Theodor Herzl, Peter Altenberg ...

Einstein selbst sollte im Jahre 1952 das Amt des Israelischen Staatspräsidenten angeboten werden, in der Nachfolge von Chaim Weizmann. Doch er lehnte, von diesem Angebot tief bewegt, ab, da er seine Stärke nicht im Umgang mit Menschen, sondern mit der Natur und der Wissenschaft sah.

ALLEINE IM KONZENTRATIONSLAGER AUSCHWITZ FANDEN 3 MILLIONEN MENSCHEN DEN TOD!

1925	Manifest gegen die Wehrpflicht.
1927	Einstein nimmt am 5. Solvay-Kongreß teil.
1929	Verleihung der Max-Planck-Medaille an Einstein und Max Planck.
1930	Beginn der Vorlesungen in Princeton.
1931	Veröffentlichung von „Mein Weltbild". Einstein erhält das Ehrendoktorat in Oxford.
1933	Ernennung Hitlers zum Reichskanzler. Aufenthalt der Familie in Le Coq, Vortrag in der Royal Albert Hall. Auswanderung nach Amerika.
1934	Einstein gibt ein Wohltätigkeitskonzert in New York.
1935	Die Einsteins erhalten die unbegrenzte Aufenthaltsgenehmigung in Amerika.
1936	Ableben von Elsa Einstein.

BRIEFWECHSEL MIT ROOSEVELT

M an schrieb den 26. Januar 1939, als Niels Bohr vor der Physikalischen Gesellschaft in Washington über die bahnbrechenden Forschungserfolge Otto Hahns

FRANKLIN D. ROOSEVELT

und Fritz Straßmanns berichtete. Die beiden hatten herausgefunden, daß erhebliche Energiemengen frei werden, wenn man Uran mit Neutronen beschießt und dabei der Urankern in zwei Teile gespalten wird.

Eugene Paul Wigner und Leo Szilard, zwei nach Amerika emigrierte Physiker, erkannten die Möglichkeit eines militärischen Einsatzes

dieser neuen Erfindung – den Einsatz einer Atombombe. Im August besuchte Szilard Einstein in Peconic Grove auf New Island und trug ihm in Begleitung von Edward Teller seine Bedenken vor. Er vermutete, daß Deutschland, nachdem es Belgien besetzt hatte, nun auch mit Leichtigkeit an die Uranvorkommen in dessen afrikanischen Kolonien am Kongo herankäme, und der Entwicklung einer Atombombe seitens „Nazi-Deutschland" nichts im Wege stünde. Einstein erkannte sofort die Möglichkeiten, aber auch die Gefahr, sollten die Deutschen als erste erfolgreich die Kernenergie zum

Einsatz bringen. Und so beschlossen sie, einen Brief an den amerikanischen Präsidenten Franklin D. Roosevelt zu richten und ihn von ihren Gedanken in Kenntnis zu setzen. Die Letztfassung des Briefes trägt das Datum des 2. August 1939 und die Unterschrift Einsteins. In diesem rät er, sicherzustellen, daß die Deutschen nicht an die Uranvorkommen aus dem Kongo herankämen, und empfahl wissenschaftliche Forschungen in Richtung Nutzbarkeit der Kernenergie aufzunehmen, um damit etwaigen Forschungen Deutschlands zuvorzukommen. Dem Brief lag eine nähere Erklärung Szilards bei, der darin seine Kettenreaktions-Theorie und die militärischen Verwendungsmöglichkeiten erläuterte.

BOMBEN AUF HIROSHIMA UND NAGASAKI

Heute wird dieser Brief oft verächtlich als Empfehlung zum Bau der Atombombe dargestellt. Doch wie hätte Einstein reagieren sollen? Er mußte den Präsidenten über die möglichen Perspektiven in Kenntnis setzen. Hätte er Roosevelt nicht informiert, und die Deutschen wären Amerika mit dem Bau der Bombe zuvorgekommen, wären die Folgen für die Welt unabsehbar gewesen. Welchen moralischen Fehler hätte man Einstein in diesem Fall vorgeworfen?

EINSTEIN KONNTE ES NICHT RICHTIG MACHEN,

aber er handelte so, weil er aus seinem Verantwortungsgefühl heraus so handeln mußte, nicht zuletzt, da er doch schon im Ersten Weltkrieg seine Erfahrungen mit den deutschen Forschungen in bezug auf Giftgas erlebt hatte. Nur, er überschätzte die Deutschen. Diese arbeiteten zwar an einem Uranprojekt, bei welchem aber unter Heisenberg lediglich in Richtung Energiegewinnung (Atomreaktor) geforscht wurde. Der Bau einer Atombombe war kein Thema.

Nach den gescheiterten Verhandlungen zwischen Japan und Amerika kam es am 7. Dezember 1941 zum geschichtsträchtigen

EINSTEIN MIT ROBERT J. OPPENHEIMER

Angriff auf Pearl Harbor, wo japanische Flugzeuge den
amerikanischen Marinestützpunkt und die somit vor
Anker liegende Pazifikflotte maßgeblich dezimierten.
Dies hatte Amerikas Einstieg in den Zweiten Weltkrieg
zur Folge. Das von Roosevelt gegründete OSRD (Office
of Scientific Research and Development) wurde von
Vannevar Bush geleitet. Dieser setzte sich für die
Mitarbeit des Physikers Robert J. Oppenheimer ein, der,
nach den 1942 erstmals erfolgreich abgelaufenen

Kettenreaktionsversuchen von Enrico Fermi, den Arbeits-
stab zur Entwicklung der Atombombe in Los Alamos in
New Mexico leitete. Die Forschungen liefen unter dem
Namen „Manhattan Project" und waren „top secret".

DEN DRACHEN AM SCHWANZ GEKITZELT

Es kam zum ersten groß angelegten Versuch, bei dem
eine Urankugel durch einen Zylinder fallengelassen
wurde, wodurch für einen Augenblick die Voraus-
setzungen für eine Kettenreaktion erfüllt waren.

„ICH WEISS AUCH, DASS
MEIN REVANCHE-GEFÜHL
(GEGENÜBER DEUTSCHLAND)
DUMM IST, DENN ICH WEISS,
DASS DIE KERLE SO SIND,
WIE SIE DER HERRGOTT
LEIDER EINMAL GEMACHT HAT,
FALLS ER SICH ÜBERHAUPT
PERSÖNLICH IN DIESES
A.E. GESCHÄFT EINGELASSEN HAT!"

Die Soldaten, die diesen Versuch und die Messungen
durchführten, schützten sich vor der Strahlung lediglich durch einen kurzfristigen Aufenthalt in eigens ausgehobenen Gräben. Der Versuch war aus wissenschaftlicher Sicht ein Erfolg, da die Meßgeräte einen immensen
Energieanstieg verzeichneten. Menschlich gesehen kam
es zum Desaster, da das Militärpersonal auf die austretende Strahlung nicht vorbereitet war und zahlreiche
Soldaten an den Folgeerscheinungen verstarben. Im
April starb Roosevelt plötzlich an einer Gehirnblutung.

HARRY S. TRUMAN

Harry S. Truman folgte ihm in das Amt des Präsidenten der Vereinigten Staaten nach. Für Deutschland war der Krieg bereits seit drei Monaten verloren; Japan lehnte vehement eine Kapitulation ab. Da auf den japanischen Inseln 2 Millionen Soldaten postiert waren, befürchtete Truman große Verluste auf eigener Seite, sollte er eine Invasion befehlen. Daher entschied er sich für den Abwurf der Atombombe über einer dichtbesiedelten Stadt.

LITTLE BOY & FAT MAN

Am 6. August kam die erste Atombombe **„little boy"** **über Hiroshima** zur Explosion. 2 Tage darauf erklärte Rußland Japan den Krieg, und die Amerikaner warfen aufgrund der noch immer fehlenden japanischen Kapitulation am 9. August die zweite Atombombe **„fat man"** **über Nagasaki** ab.

Die Atombomben hatten über 250.000 Tote gefordert; um die 150.000 litten an schweren Verletzungen und beendeten ihr Leben in einem grausamen Siechtum – auch die Nachfolgegeneration hatte darunter gesundheitlich zu leiden. Japan kapitulierte, der Krieg war vorbei.

1938   Otto Hahn und Fritz Straßmann entdecken die Energiegewinnung durch Kernspaltung.
Einmarsch Hitlers in Österreich.

1939   Deutschland überfällt Polen. Ausbruch des Zweiten Weltkrieges. Großbritannien und Frankreich erklären Deutschland den Krieg. Einstein schreibt einen Brief an Roosevelt.

1940   Deutschland besetzt Belgien und Frankreich.

1941   Japan überfällt Pearl Harbor; Kriegseintritt Amerikas. Beginn des deutschen Rußlandfeldzugs. Einstein erhält die amerikanische Staatsbürgerschaft.

1944   Invasion der Alliierten in der Normandie.

1945   Harry S. Truman wird amerikanischer Präsident.
Kapitulation Deutschlands am 8. Mai.
Alliierte besetzen Österreich (bis 1955).
Erster Atomversuch in New Mexico.
6. August: Abwurf der 1. Atombombe auf Hiroshima.
9. August: Abwurf der 2. Atombombe auf Nagasaki.
Kapitulation Japans.

DIE WELTREGIERUNG

Die Verallgemeinerung der Gravitationstheorie beschäftigte Einstein nach wie vor. 1946 stellte er dazu ein Grundkonzept auf und machte sich zum Ziel, dieses in den ihm noch verbleibenden Jahren Stück für Stück zu verbessern.

Einstein machte die Gewißheit schwer zu schaffen, daß es gerade Wissenschaftler waren, Physiker, die durch ihre Leistungen der Menschheit eine Errungenschaft in die Hände legten, für die ihr Reife zur friedlichen Verwendung fehlte. Er war der Meinung, daß es nun das Ziel aller Wissenschaftler wäre, die Verwendung als

EINSTEINS HAUS IN DER MERCER STREET 112

GEBURTSTAGSKARTE VON 1951

Machtmittel, als Waffe zu verhindern. Einstein war in pazifistischer Hinsicht ein Optimist geblieben. Er glaubte daran, daß eine übergeordnete Organisation, ein „World Governement" anzustreben wäre, das, nachdem eine Neugestaltung der internationalen Beziehungen stattgefunden habe, die Verantwortung für ein friedliches Zusammenleben übernehmen müsse. War Einstein einerseits der Ansicht, daß alleine das generelle Vorhandensein von Streitmächten Kriegsausbrüche begünstige, so war ihm bewußt, daß eine übergeordnete Organisation ein Heer (Macht) brauchte, das imstande sein sollte, entstehende Konflikte einzudämmen.

Aber auch der einzelne wäre angehalten, seine Gedanken und seine Handlungen neu zu ordnen – zu revolutionieren.

Am 26. Juni 1945 war die UNO (United Nations Organisation) von 50 Staaten gegründet worden. Österreich trat 1955 bei, Deutschland 1973. Zu den Hauptaufgaben der UNO zählen unter anderem:

 **Aufrechterhaltung des Weltfriedens**

 **Förderung der freundschaftlichen Beziehungen zwischen den Nationen**

 **vorurteilsfreie Aufrechterhaltung der Menschenrechte**

 **Mitarbeit bei kulturellen, wirtschaftlichen und humanitären internationalen Problemen**

Einstein übte besorgt Kritik an der UNO, die sich für seine Begriffe zu stark der Verfolgung moralischer Ziele widmete und darüber hinaus zu wenig aktiv wurde. Daraus entwickelte er Vorschläge, wie der Einfluß der UNO auch auf militärischem Sektor gestärkt werden und sich daraus eine effektive „Weltregierung" (eine Weltpolizei) entwickeln könne.

FERNER POSTULIERT ER ZU GUNSTEN DER JUGEND,
DASS ES GILT ZU BEACHTEN, DAS ERHALTEN DER TUGEND.
WEIL DIE ERZIEHUNG ZUR ANGST, VOR DEM AUSLAND UND KRIEGEN,
VERGIFTET DIE KINDER UND LÄSST FEINDBILDER SIEGEN.
DENN SCHON LANGE BEVOR KATASTROPHEN ENTSTEHEN,
DIE FAHNEN DES KRIEGES IM HERZEN UNS WEHEN!

EINSTEIN, DIE RELIGION UND SEIN TOD

Ein Jahr nach Kriegsende übernahm Einstein die Präsidentschaft des „Energency Committee of Atomic Scientists", das zum Ziel hatte, die Bevölkerung über Wirkung und Gefahren der Atomenergie aufzuklären und die Nutzung der Atomenergie zu friedlichen Zwecken zu forcieren.

Im August 1948 verstarb Mileva, Einsteins erste Ehefrau. Im selben Jahr mußte sich Einstein aufgrund eines Gallenleidens einem operativen Eingriff unterziehen, bei dem ein Aneurysma diagnostiziert wurde. Er ließ sich aber davon nicht einschüchtern und wirkte uneingeschränkt weiter. Drei Jahre später, im Juni 1951, verschied seine Schwester Maja, die aufgrund eines Armbruches im Spital lag, wo sie sich eine Lungenentzündung zuzog, von der sie sich nicht mehr erholte.

Einstein beschäftigte sich, wie in seinem gesamten Leben, mit philosophischen und religiösen Gedanken. Er sprach davon, daß er dem „Gott der Freiheit" diene. Darunter verstand er das Ziel, die auf die eigene Persönlichkeit bezogenen, auch triebhaft bedingten Fesseln zu lösen. Eine Befreiung also, die er selbst erfuhr, da er sein Dasein der Wissenschaft widmete.

BARUCH DE SPINOZA

Zu Spinozas Gott-Definition fühlte Einstein große Affinität. Dieser sah Gott in der Harmonie alles Seienden. Gott tritt bei Spinoza nicht als abgehobenes (losgelöstes), verursachendes Phänomen auf, sondern ist vielmehr untrennbar mit den Naturereignissen verbunden. So bewunderte Einstein auch die Harmonie der Natur als ein Werk der waltenden Vernunft im Weltenraum. Seine tief empfundenen Gefühle angesichts dieses Werks beschreibt Einstein als

KOSMISCHE RELIGIOSITAET.

Dieses mit tiefster Religiosität zu vergleichende Empfinden sieht Einstein als Kraftquelle der Befreiung aus den Fesseln des Persönlichen (des Ichs) und als Antrieb aller Forschenden, hinter die Gesetzmäßigkeiten der Natur blicken zu wollen, um die „Wahrheit" zu erkennen.

Wie auch für Spinoza, ist Einsteins Gott keine übergeordnete abstrakte Kraft oder Person. Im Gegenteil, die gesetzmäßige Ordnung der Natur würde keinen außenstehenden göttlichen Ursprung zulassen. Die Ursache, das alles so ist, wie es ist, liegt in der Sache selbst, in der harmonischen Ordnung. Das Beglückende für forschende Geister ist, daß ihnen Mittel gegeben sind, dieser höchsten Ordnung auf den Grund zu gehen und aus dem Krug der Erkenntnis zu trinken.

Für Spinoza wie Einstein stellte das

KAUSALITAETSPRINZIP

das Phänomen der Begreifbarkeit Gottes dar, daß nämlich jeder in der Natur stattfindende Vorfall durch einen anderen, vorangegangenen kausal determiniert (ursächlich vorbestimmt, ausgelöst) wird. Durch diesen Zusammenhang von Ursache und Wirkung wird alles berechen- und somit auch begreifbar. So postulierte Spinoza, daß ohne Kenntnis der Wirkung die Ursache verborgen bliebe, und umgekehrt ohne Kenntnis der Ursache das Verständnis der Wirkung unmöglich sei.

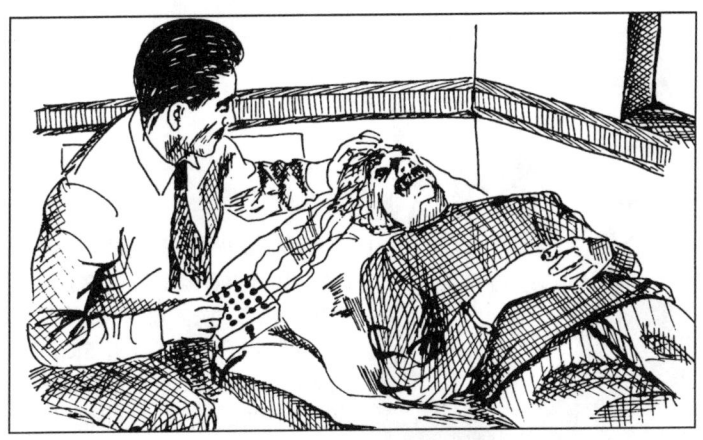

GEHIRNSTROMMESSUNGEN

* * *

Im April des Jahres 1955 klagte Einstein über schwere Bauchschmerzen und wurde aufgrund eines vermuteten Risses, sein Aneurysma betreffend, im Princeton Hospital stationär aufgenommen. Fünf Tage später erlag Einstein am 18. April seiner Erkrankung.

Sein Begräbnis, bei dem seine Asche im Winde verstreut wurde, fand in aller Stille statt.

MAX BORN

„ICH MEINE, DASS DU ALBERT DAS RECHT HATTEST ZU SPEKULIE-REN, ANDERE ABER NICHT! WENN DURCHSCHNITTSMENSCHEN SICH DURCH REINES DENKEN NATURGE-SETZE VERSCHAFFEN WOLLEN, KOMMT NUR MIST DABEI HERAUS!"

„ICH HATTE KEINE BESONDERE BEGABUNG, SONDERN WAR NUR LEIDENSCHAFTLICH NEUGIERIG!"

1946   Einstein wird Präsident des Emergency Committee of Atomic Scientists. Verfassung der Grundlage zur Verallgemeinerung der Gravitationstheorie.

1947   Ableben von Max Planck.

1948   Einstein wird ein Aneurysma diagnostiziert. Tod von Mileva, Einsteins geschiedener Frau.

1950   Veröffentlichung von: „Verallgemeinerung der Gravitationstheorie", „Out of my later years".

1951   Im Juni stirbt Einsteins Schwester Maja.

1952   Der israelische Botschafter von Amerika, Abba Eban, versucht Einstein zu überreden, das Amt des Staatspräsidenten von Israel anzunehmen.

1953   Letzte Ausarbeitung zur verallgemeinerten Gravitationstheorie.

1955   Einstein stirbt am 18. April im Princeton Hospital.

AUS DEN
THEORIEN & LEHREN
ALBERT EINSTEINS

EIN AUSZUG

EINE ZEITREISE VON ARISTOTELES BIS EINSTEIN

Heute, Ende des 20. Jahrhunderts, gelten einige Theorien Einsteins bereits als überholt beziehungsweise wird Einsteins Glorienschein von manch unlauteren Zeitgenossen angekratzt. Doch sollte man sich dabei der Tatsache bewußt sein oder sich die Frage stellen:

WO WÄRE DIE KLASSISCHE PHYSIK HEUTE, HÄTTE ES EINSTEIN NICHT GEGEBEN?

Es ist das „Glück" des heutigen Wissenschaftlers, daß es bereits vor ihm eine Reihe an großen Geistern gab, auf deren Erkenntnissen er aufbauen und mit deren Thesen er arbeiten kann. Es ist aber auch sein „Schicksal", daß er gleichzeitig davon ausgehen kann, daß nach ihm noch viele Wissenschaftler kommen werden, die, ihrerseits auf seine Forschungsergebnisse gestützt, neue Wege beschreiten, mittels fortgeschrittener Technologien auch neue Entdeckungen machen und weitere „Wunder" offenlegen werden. Dabei wird der eine oder andere „Glorienschein" der Vergangenheit aus dem Rampenlicht rücken.

Daher Vorsicht bei Aussagen, wie „... aber das ist doch schon längst überholt ...!", die uns heute so leicht über die Lippen kommen, denn es ist oft leichter, die bestehende These eines anderen zu wiederlegen, als selbst den ersten Schritt zu wagen! Und die wahre Größe sei denjenigen zugesprochen, die nicht nur selbst Großes geleistet haben, sondern applaudierend in der ersten Reihe stehen, wenn ein nächster, womöglich ihr eigener Schüler, sie eines Besseren belehrt und sie wissenschaftlich überflügelt.

Denn nicht der Ruhm eines einzelnen ist das Ausschlaggebende, sondern das Erringen von Erkenntnis – die Sache selbst steht im Vordergrund. In Carl Seeligs Biographie über Einstein ist in diesem Zusammenhang das wohl passendste Zitat zu erwähnen:

WISSENSCHAFTLICHE GRÖSSE IST IM WESENTLICHEN EINE CHARAKTERFRAGE!

Jetzt aber ab in die Zeitmaschine – die Reise beginnt!

In den Ursprüngen waren es die Chinesen, Ägypter und Babylonier, die den Himmel zu erforschen versuchten, um den Ursprung für das Irdische zu finden, das sie in den Sternen vermuteten. Darum verehrten sie diese auch als Gottheiten. Nicht die Astronomie war das Ziel der Forschungen, sondern die astrologischen Gesichtspunkte und die Erwartungshaltung, durch die Sterndeutung Vorhersagen treffen zu können.
Der Wissensstand der damaligen Zeit spiegelt sich schon alleine in der Tatsache wieder, daß die von den Babyloniern bestimmten Tierkreiszeichen noch heute in der Astrologie Verwendung finden.

ARISTOTELES (384-322 v.Chr.)

Im vierten Jahrhundert v. Chr. treffen wir auf den griechischen Philosophen Aristoteles, der gerade Alexander
den Großen in Logik unterrichtet, ihn in Selbstbeherr-
schung unterweist und sich intensiv mit der Erkundung
der Sterne beschäftigt. Seine Erkenntnisse und die des
griechischen Geographen Claudius Ptolemäus
(150 n. Chr.) waren es, die das Weltbild der Antike bis
ins 15./16. Jahrhundert (n.Chr.) prägen sollten.
Aristoteles stellte sich die Erde als unbewegliches
Zentrum des Universums vor, die von den Sternen umkreist würde. Man sprach von einem geozentrischen
Weltbild. Aristoteles beschrieb weiterführend, daß die
Erde von kristallenen Sphären umgeben sei, in der sich
jeweils die ebenso kristallenen Sterne befänden, und
diese wären vollkommen glatte, mit Äther gefüllte Kugeln.

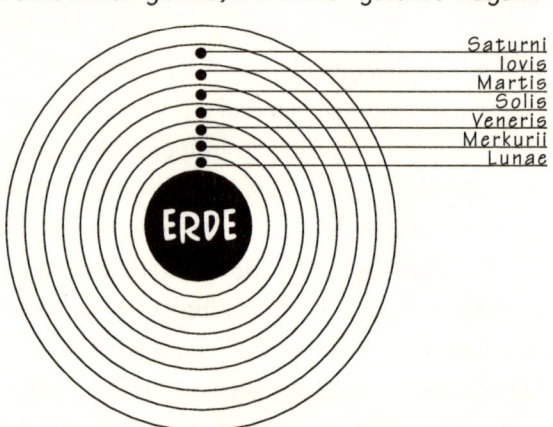

Setzen wir unsere Reise nun in Richtung Gegenwart
fort, begegnen wir bei einem kurzen Zwischenstop,

ungefähr 100 Jahre später, dem Mathematiker Aristarch von Samos, der seiner Zeit fast zwei Jahrtausende voraus war, da er die Idee vertrat, daß nicht die Erde, sondern die Sonne der Mittelpunkt des Universums wäre. Diese Theorie sollte sich jedoch noch lange nicht durchsetzen.

Und weiter geht's in Richtung Mittelalter. Über all die Jahrhunderte hinweg können wir feststellen, wie bedacht die Kirche das geozentrische Weltbild „in eigener Sache" zu nutzen wußte: Die Welt als Mittelpunkt der göttlichen Schöpfung.

KOPERNIKUS (1473-1543)

Mitte des 16. Jahrhunderts wollen wir kurz verweilen, da es das Jahr war, in dem der polnische Astronom Nikolaus Kopernikus, der selbst im Dienste der Kirche

NIKOLAUS KOPERNIKUS

stand, die These aufstellte, daß sich die Vorgänge am Sternenhimmel viel leichter beschreiben ließen, wenn nicht die Erde, sondern die Sonne im Mittelpunkt des Universums stünde. Es sollte aber noch dauern, bis diese revolutionäre Anschauung über das Universum von der Welt und der Kirche akzeptiert und verifiziert wurde.

GALILEI (1564-1642)

Beim nächsten Halt, im italienischen Padua des Jahres 1610, stoßen wir auf den Astronomen und Mathematiker Galileo Galilei, der mit seinem verbesserten Teleskop die Sterne beobachtet. Er verfolgte dabei den am Firma-

GALILEO GALILEI

ment wandernden Planeten Jupiter und entdeckte, daß dieser von 4 Sternen umkreist wird. Diese Sterne (Monde) würden im Laufe der Geschichte den Namen ihres Entdeckers bekommen und als „Galileiische Monde" in der Astronomie weiterbestehen. Galilei, der nun gänzlich von der Heliozentrik überzeugt war, verteidigte öffentlich die Ansichten Kopernikus'.

Einige Jahre später (1615) sehen wir, daß sich die Kirche intensiv des auf sie zugekommenen („ketzerischen") Problems annimmt und kurz darauf das von Galilei verfaßte Buch „Sternenbotschaft" auf die Liste der verbotenen Bücher setzt. Galilei erkennt die Gefahr und zieht sich für fast zwei Jahrzehnte von der Öffentlichkeit zurück. Als er 1932 eine Schrift über die Unterschiede zwischen geo- und heliozentrischem Weltsystem veröffentlichte, wird er als vermeintlicher Ketzer vom Papst nach Rom gerufen, um seine Theorien öffentlich zu widerrufen. Nur unter dem großem Druck, der Androhung von Folter und dem voraussichtlichen Ende am Scheiterhaufen beugte sich Galilei, murmelte dabei „Eppur si muove!" (Und sie bewegt sich doch!):

IHR SEID NICHT WILLKOMMEN, GALILEIO – SIE SCHWÄTZER,
WIDERRUFT EURE LEHREN,
SONST WERDET VERBRANNT IHR ALS KETZER!
DENN DIE KIRCHE, SIE BRAUCHT DIE GEOZENTRIK ZUM SCHUTZ!
ZIEHT SIE UND UNS FÜRSTEN NICHT HINEIN IN DEN SCHMUTZ!

VA BENE, NUN GUT, WAS SOLL ICH SONST MACHEN,
WENN IHR DROHT MIR MIT FOLTER UND SONSTIGEN SACHEN!
ECCO, HÖRT ZU, ZULETZT MÖCHT FLÖSTERN ICH NOCH,
DASS DIE SONNE DAS ZENTRUM,
DIE ERDE BEWEGET SICH DOCH!

EINE EIGENE MEINUNG
BEZAHLTEN VIELE
GAR TEUER,
DIE SICH ERHOBEN
GEGEN DIE KIRCHE UND
DARAUF ENDETEN IM FEUER!

Erst im Jahre 1992 sollte Galilei von Papst Johannes Paul II. vom ketzerischen Makel befreit werden. Ja, Gottes Mühlen, sie mahlen langsam, und wehe dem, der zwischen sie kommt, so wie Galilei – für über 350 Jahre!

Galilei war in Richtung Relativitätstheorie insofern bedeutend, als er erstmals Versuche zum Thema

INERTIALSYSTEM

unternahm. Er war von folgendem überzeugt: Wenn man sich in einem Kasten befindet (wodurch auch keine äußere Kraft auf einen einwirkt), der auf einem Schiff steht, das sich mit gleichmäßiger Geschwindigkeit (beschleunigungsfrei) geradlinig fortbewegt, sei es unmöglich festzustellen, ob sich das Schiff bewegt oder ruht. Der Grund dafür ist, daß im Inneren des Kastens die mechanischen Experimente so ablaufen, als ob dieser ruhen würde.

Galileis klassisches Relativitätsprinzip lautet daher:

DIE MECHANISCHEN GESETZE GELTEN IN ALLEN INERTIALSYSTEMEN.

Rotierende Bezugssysteme (Koordinatensysteme) sind
an sich keine Inertialsysteme, da dabei die Tangentialkraft
(Fliehkraft) zum Tragen kommt, außer es handelt sich
dabei um eine äußerst langsame Rotation, wie zum Beispiel bei der Erde, die annähernd ein Inertialsystem ist.

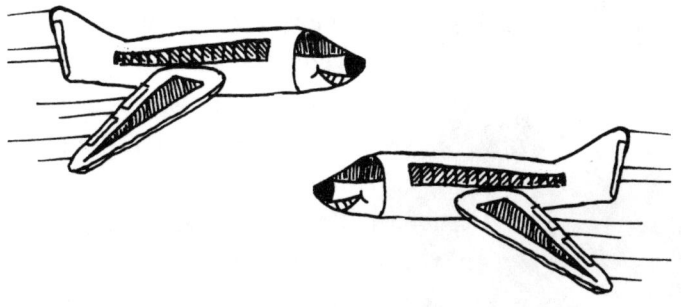

Stellen Sie sich vor, daß Sie in einem Flugzeug sitzen
und durch das Fenster ein anderes Flugzeug auf sich
zukommen sehen. Dann können Sie aufgrund der be-
schriebenen Verhältnisse eines Inertialsystems (sofern
das Flugzeug sich mit gleicher Geschwindigkeit geradlinig fortbewegt) nicht feststellen, ob das Aufeinander-
zufliegen stattfindet, weil sich Ihr Flugzeug bewegt,
oder weil sich das andere Flugzeug auf Sie zubewegt,
oder ob es eine Kombination der Bewegung beider
Flugzeuge ist. Was Sie jedoch feststellen können, ist,
daß eine Annäherung stattfindet, eine

RELATIVE BEWEGUNG

der Flugzeuge zueinander. Mehr dazu etwas später.

KEPLER (1571-1630)

JOHANNES KEPLER

Während wir auf unserer Zeitreise die revolutionären Tätigkeiten Galileis in Italien beobachten, wirkt auch in Deutschland ein bedeutender Astronom, Johannes Kepler. Er stellte zur Bewegung der Planeten um die Sonne aufgrund von Beobachtungen und Versuchen (empirisch) seine drei „Keplerschen Gesetze" auf. Das erste besagt, daß die Bewegungsbahnen der Planeten keine Kreise, sondern Ellipsen sind, in deren Fixpunkt (Brennpunkt) die Sonne steht. Im zweiten beschreibt Kepler die Veränderung der Bahngeschwindigkeit eines Planeten während seines Umlaufes, und im dritten das Verhältnis der Umlaufzeiten zweier Planeten zu den großen Halbachsen ihrer Bahnellipsen. Die drei Gesetze gelten annähernd für die Bewegungen aller Planeten.

NEWTON (1643-1727)

Von den schon sehr wissenschaftlich anmutenden Keplerschen Gesetzen erschöpft, begeben wir uns in die Zeitmaschine, stellen auf dem „Fliegometer" das Jahr

SIR ISAAC NEWTON

1687 ein, und ab geht's in Richtung England zu dem Physiker, Mathematiker und Astronomen Sir Isaac Newton. Es war das Jahr, in dem Newton seine Forschungsergebnisse über die Gravitation und seine Untersuchungen des Lichts in dem Werk „Mathematische Prinzipien der Naturlehre" veröffentlichte. Newton soll als junger Mann (nach einer der wohl bekanntesten Physiker-Anekdoten) träumend unter einem Apfelbaum gelegen sein und dabei den Mond beobachtet haben. Gerade in diesem Moment fiel ein Apfel zu Boden. Newton wäre dadurch der Gedanke gekommen, daß die Bewegungen (Gesetzmäßigkeiten) von Mond und Apfel miteinander zu vergleichen sind. Er beschrieb den Mond als „parallel zur Erdoberfläche" fallenden Gegenstand. Besser verständlich wird dieses Beispiel, wenn wir uns verdeutlichen, daß

es möglich ist, einen
Gegenstand derart
abzuschießen, daß die-
ser die Erde umkreist,
ohne dabei herabzufallen.
Entscheidend dabei ist
die Geschwindigkeit. Im
Zeitalter Newtons galt
dieser Gedanke noch als
ziemlich absurd, heute
ist es für uns nichts

Ungewöhnliches, daß solche „schnell geworfenen"
Gegenstände die Erde umkreisen können – die Satelliten.

Ein wichtiges Thema ist allerdings noch nicht berührt
worden, nämlich die

GRAVITATION,

die in der klassischen Physik als die Anziehungskraft
zwischen den Massen von Körpern (oder Teilchen)
beschrieben wird. Die Anziehungskraft wird auch als
Schwerkraft oder als Gewichtskraft bezeichnet.
Newton dachte, als er (angeblich) den herabfallenden
Apfel auf sich zukommen sah, daß sich der Apfel und
die Erde gegenseitig anziehen. Er stellte die Theorie auf,
daß die Gravitationskräfte auch im Weltall wirksam
sind, wo sich die Planeten, Sterne (u.s.w.) gegenseitig
anziehen. Entscheidend dabei ist deren Masse-
Verhältnis zueinander, was beispielsweise erklärt, warum

ein Flugzeug von der Erde angezogen wird und nicht umgekehrt. Das zweite maßgebliche Kriterium stellt die Entfernung voneinander dar; bei doppelter Entfernung, zum Beispiel, sinkt die Anziehungskraft um ein Viertel. Zwei Jahrhunderte später sollte Einstein in seiner Relativitätstheorie beweisen, daß die Gravitation auch bei masselosen Körpern (Photonen/Licht) ihre Wirkung zeigt.

Die Anziehungskraft wird in der Maßeinheit Newton (N) mit einer Federwaage gemessen. Ein Körper mit 1 kg Masse wiegt ca. 10 N (9,81 N). Wiegt man nun einen Körper ein Mal auf der Erde und ein Mal auf dem Mond, erhält man unterschiedliche Ergebnisse, da die Anziehungskraft auf dem Mond ein Sechstel derjenigen der Erde ausmacht.

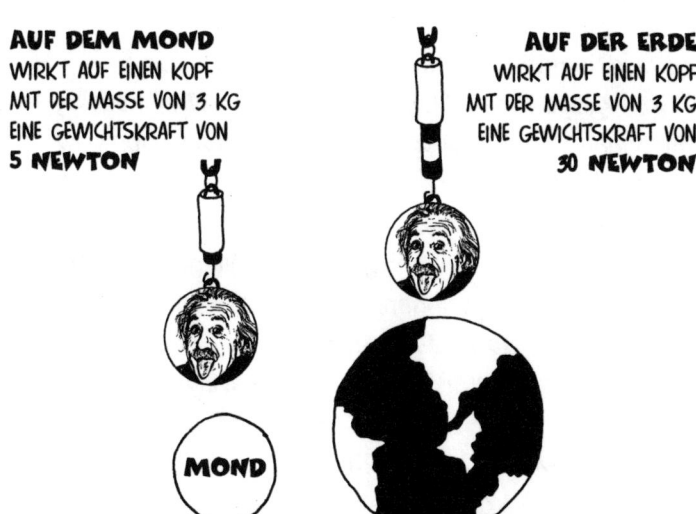

AUF DEM MOND
WIRKT AUF EINEN KOPF
MIT DER MASSE VON 3 KG
EINE GEWICHTSKRAFT VON
5 NEWTON

AUF DER ERDE
WIRKT AUF EINEN KOPF
MIT DER MASSE VON 3 KG
EINE GEWICHTSKRAFT VON
30 NEWTON

MOND

Newton erkannte, daß das Gewicht aufgrund unter-
schiedlich einwirkender Kräfte (Anziehungskraft, Auf-
trieb im Wasser ...) eine ungenaue Größe ist. Zur genau-
eren Bestimmung eines Körpers zog er die „Menge an
Materie" heran, und er ersetzte die bislang verwendete
Bezeichnung „Gewicht" durch den Begriff „MASSE".
Diese ist stets die gleiche, egal, ob sich ein Gegenstand
auf der Erde (auch zu Wasser) oder irgendwo im Weltall
befindet.

Die Bestimmung der Masse findet mittels einer
Balkenwaage statt. Dabei benützt man Wägestücke,
mit denen das abzuwiegende Objekt aufgewogen wird,
bis sich beide Waagschalen im Gleichgewicht befinden.
Würden wir nun ein Objekt auf dem Mond abwägen, so
erhielten wir das idente Ergebnis, da die geänderten
Verhältnisse (die geringere Schwerkraft) sich auf beide
auswirken; auf das Wägestück gleichermaßen wie auf
den Gegenstand. Wir fühlen uns bei geringerer Schwerkraft zwar leichter, die Masse bleibt jedoch gleich. Die
Einheit der Masse ist das Kilogramm und entspricht 1
Liter (1dm³ bei 4 Grad Celsius) Wasser.

Basierend auf Galileis „Vorarbeiten" (Trägheitsprinzip; Theorie der gleichmäßigen Beschleunigung) und seinen eigenen Schlußfolgerungen stellte Newton die drei Bewegungsgesetze (Newton Axiome) auf. Newton selbst soll in diesem Zusammenhang folgende Bemerkung gemacht haben:

„WENN ICH WEITER GESEHEN HABE ALS ANDERE, DANN DESWEGEN, WEIL ICH AUF DEN SCHULTERN VON RIESEN STAND!"

1. Trägheitsgesetz
Jeder Körper verharrt im Ruhezustand oder in einer gleichförmigen geradlinigen Bewegung, sofern er nicht durch eine einwirkende Kraft gezwungen wird, diesen Zustand zu verändern.

2. Gesetz der Bewegungsgleichung
Dieses besagt, daß die Kraft, die auf einen Körper einwirken muß, um ihn zu bewegen, gleich dem Produkt aus der Masse des Körpers und der Beschleunigung ist. (F=m.a)

3. Gesetz der Wechselwirkung
Kräfte treten immer paarweise auf, sind gleich groß und wirken entgegengesetzt. Es entsteht ein Gleichgewicht, eine gleichförmige Bewegung oder eine Fortbewegung durch Rückstoß (Düsenflugzeug).

DIE KONSTANZ DER LICHTGESCHWINDIGKEIT

In der 1905 von Einstein veröffentlichten Abhandlung „Zur Elektrodynamik bewegter Körper" löste er die bestehende klassische Relativitätstheorie Galileis ab, die besagte, daß lediglich mechanische Gesetze in Inertialsystemen gelten. Einstein hielt als erstes Prinzip seiner Speziellen Relativitätstheorie fest:

DIE NATURGESETZE
GELTEN IN ALLEN INERTIALSYSTEMEN!

Im zweiten Prinzip stellte er fest:

DIE LICHTGESCHWINDIGKEIT
HAT IM VAKUUM IMMER DENSELBEN WERT. DABEI IST EINE EVENTUELLE BEWEGUNG DER LICHTQUELLE ODER DES BETRACHTERS OHNE BEDEU-
TUNG. DIE GESCHWINDIGKEIT DES LICHTS
IST SOMIT IMMER KONSTANT

Auf unserer Zeitreise zu Galilei haben wir erfahren, daß man in einem Inertialsystem (aufgrund der konstanten geradlinigen Bewegung) nicht feststellen kann, ob sich dieses bewegt. Da wir innerhalb des Sytems die Bewegung des Systems weder merken noch messen können, kann diese Bewegung auch keinen Einfluß auf Messungen der Lichtgeschwindigkeit haben. Demnach erhalten wir innerhalb des Systems denselben Meßwert, egal ob wir uns von einem zu messenden Lichtstrahl weg- oder auf ihn zubewegen.

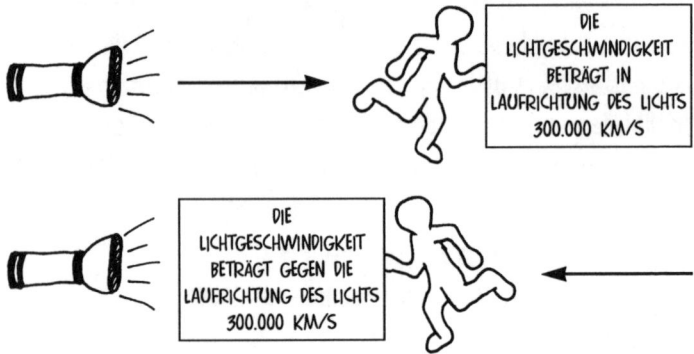

Egal mit welcher Geschwindigkeit und in welcher Richtung man sich bewegt, das Ergebnis lautet immer:

DIE LICHTGESCHWINDIGKEIT (C) = 300.000 KM/SEKUNDE

Im Unterschied zu Einstein hatte Newton vermutet, die Lichtgeschwindigkeit wäre die relative (veränderbare) Komponente, Raum und Zeit hingegen absolut. Einstein hingegen bewies die Konstanz der Lichtgeschwindigkeit, wodurch Raum und Zeit relativ wurden.

Das setzt die mechanischen Gesetze Newtons keineswegs außer Kraft, sondern weist sie lediglich als einen Spezialfall der Einsteinschen Relativitätstherorie aus. Newtons Annahme, daß sein absoluter Raum mit Äther gefüllt wäre, führt uns zum nächsten Kapitel.

WER BRAUCHT SCHON DEN ÄTHER?
EINSTEIN NICHT!

Jahrtausende hatte die Menschheit an das Vorhandensein des Äthers geglaubt, der zur Vervollständigung ihrer astronomischen Theorien notwendig war. Man stellte sich vor, der Äther wäre die Füllmasse des Universums, der einerseits die Fernübertragung von Kräften (z.B. der Gravitation) ermöglichte und andererseits für die Fortpflanzung des Lichts maßgeblich erforderlich war. Newtons Teilchentheorie des Lichts ergab bei manchen Experimenten unlösbare Probleme, was zum Resultat hatte, daß man vorerst bei der Theorie blieb, Licht sei eine Welle. Man stellte sich vor, der Äther wäre:

DER ÄTHER

- gelatineartig für die Kraftübertragung;
- ein Festkörper zur Lichtübertragung und
- imstande, Materie zu durchdringen.

Man konnte ihn nicht vom Vakuum unterscheiden und versuchte, die Ätherwinde nachzuweisen und zu messen.

DOCH OHNE ERFOLG!

Erst Einstein, der in seiner berühmten Arbeit von 1905 auch den Photoeffekt behandelte, hatte bewiesen, daß das Licht einerseits als Welle, andererseits aber auch als Teilchen existiere. Dafür erhielt er 1921 den Nobelpreis. Wenn das Licht nun auch aus Teilchen bestünde, bräuchte man das Vorhandensein des Äthers nicht mehr, da sich Teilchen auch durch einen leeren Raum fortbewegen können.

Einstein zog nun also einen Strich unter die mannigfaltigen Vorstellungen über den Äther und schrieb die einzig logische Schlußfolgerung nieder:

DER AETHER
IST NICHT MESSBAR, UND DER GRUND DAFÜR LIEGT DARIN, DASS ES DEN ÄTHER GAR NICHT GIBT!

Soweit alles klar? Aber jetzt wird es erst so richtig interessant!

TIP:

Die Beispiele werden oft aus der Sicht einer Testperson betrachtet, die sich in einem Inertialsystem befindet, in dem Versuche stattfinden. Wir werden uns einerseits die Frage stellen, wie die Testperson selbst, innerhalb des Systems, den Versuch erlebt, und wie ihr Experiment auf uns wirkt, die wir uns in einem zweiten System befinden. Andererseits werden wir ergründen, wie die Testperson unser Inertialsystem wahrnimmt. Denn wenn sich das Testsystem bewegt und unseres ruht, glaubt die Testperson, daß wir uns bewegen, und ihr System das ruhende ist ... und umgekehrt!

DIE RELATIVITÄT DER ZEIT – TEIL 1
WENN UHREN LANGSAMER LAUFEN

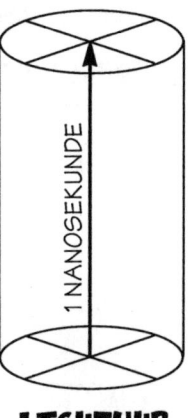

LICHTUHR

Betrachten wir den Effekt der langsamer gehenden Uhren anhand einer Lichtuhr, einem 30 cm hohen Zylinder, in dem das Licht exakt 1 Nanosekunde benötigt, um vom Boden zur „Decke" zu gelangen. Oder vereinfacht, wir wollen vergleichen, wie lange das Licht braucht, um im Ruhezustand des Zylinders vom Boden zur Decke zu gelangen, und ob diese Zeitdauer die gleiche ist, wenn sich der Zylinder relativ zu uns bewegt. Da wir leider nicht ein Raumschiff besteigen können, um diese Theorie zu überprüfen, muß es eben eine Lichtuhr tun. Doch erschrecken Sie nicht vor dem Begriff „Lichtuhr", den Sie aus dem Alltag nicht kennen. Die Lichtuhr steht eigentlich nur stellvertretend für eine ruhende Strecke, von der wir wissen, wie lange das Licht braucht, um diese zurückzulegen. Hat das Licht von der uns bekannten Strecke (in Bewegung) erst **weniger** zurückgelegt, darf eigentlich erst **weniger Zeit** vergangen sein ...

UHREN,
DIE SICH IN BEZUG ZU UNS RELATIV BEWEGEN, GEHEN VON UNS AUS GESEHEN LANGSAMER.

In den Grafiken verdeutlicht die kreisförmige Welle die Ausbreitung des Lichts, und zur abermaligen

Vereinfachung werden wir unseren Versuch zweidimensional betrachten. Also, das Rechteck ist die Uhr, der Kreis die Ausbreitungswelle des Lichts und der Stern stellt den Lichtblitz dar, dessen Weg zu messen ist.

I. IM RUHEZUSTAND

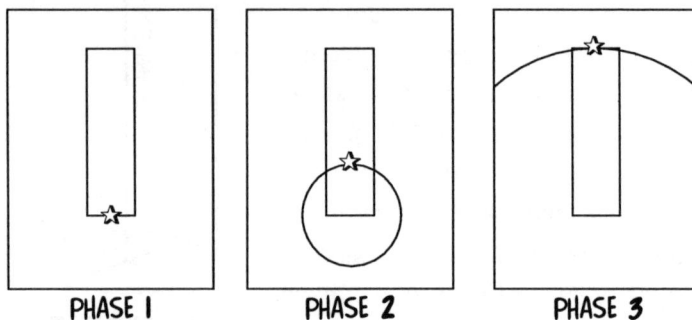

| PHASE I | PHASE 2 | PHASE 3 |

2. IN RELATIVER BEWEGUNG

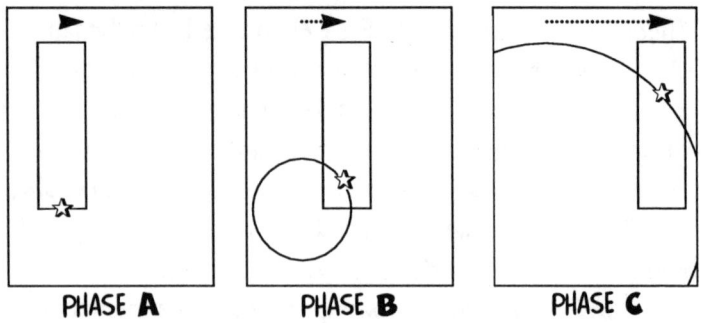

| PHASE **A** | PHASE **B** | PHASE **C** |

Aus diesen zwei Bewegungsabläufen können Sie erkennen, daß der Lichtblitz in Phase 3 (der ruhenden Uhr) bereits die Decke erreicht hat, während derjenige der relativ bewegten Uhr in Phase C erst ungefähr zwei Drittel des Weges zurückgelegt hat. In beiden Fällen ist der Radius des Kreises gleich groß (30 cm). Das bedeutet, daß in der ruhenden Uhr 1 Nanosekunde verstrichen ist, da der Lichtblitz bereits die Decke erreicht hat. In der relativ bewegten Uhr ist der Blitz aber noch nicht so weit, was bedeutet, daß dort erst weniger Zeit (weniger als 1 Nanosekunde) vergangen ist. Da haben wir sie also:

DIE ZEITDEHNUNG!

Dabei dürfen wir aber nicht vergessen, daß es sich um eine relative Bewegung handelt. Wir wissen bereits, daß (wie bei den aufeinander zufliegenden Flugzeugen) man in einem Inertialsystem nicht feststellen kann, ob man selbst sich bewegt. Wenn nun auf jeder Lichtuhr, sowohl auf der ruhenden als auch auf der bewegten, ein Mensch säße und den Vorgang beobachte, würden beide voneinander behaupten, daß die Uhr des anderen langsamer

gehe. Sie könnten ja nicht feststellen, wer sich bewegt, Tatsache ist aber, daß eine relative Bewegung zueinander stattfindet. Beide sagen die Wahrheit!

Aus der Phase C der relativ bewegten Uhr wird ersichtlich, daß mit zunehmender Geschwindigkeit auch die Zeitdehnung (Zeitdilatation) sich vergrößert. Wenn die relativ bewegte Uhr mit Lichtgeschwindigkeit unterwegs wäre, könnte der Lichtblitz (der ebenso mit Lichtgeschwindigkeit unterwegs ist) nie die Decke erreichen.

Stellen Sie sich 2 Gespenster vor, die Fangen spielen und gehen sie davon aus, daß beide stets (ohne zu ermüden) die gleiche konstante Geschwindigkeit beibehalten; wird das eine Gespenst das andere jemals fangen können? Und was passiert, wenn das davonlaufende Gespenst konstant schneller läuft als das andere? Es wird das nachlaufende Gespenst hinter sich lassen. Verglichen mit unserem Lichtuhrenbeispiel hieße das: Wenn die relativ bewegte Uhr mit mehr als Lichtgeschwindigkeit unterwegs wäre, würde sie den Lichtblitz hinter sich lassen. Doch dies würde die Voraussetzung eines Inertialsystems aufheben, könnte man dabei doch die eigene (Weg-)Bewegung wahrnehmen.

DIE RELATIVITÄT DER ZEIT – TEIL 2
GLEICHZEITIGKEIT IST ANSICHTSSACHE

Anhand der folgenden beiden Bilder werden Sie feststellen, daß auch der Begriff der Gleichzeitigkeit kein absoluter ist. Er ist in unserem Beispiel mit der Eisenbahn davon abhängig, ob man sich als Beobachter im Waggon (also im Inertialsystem) befindet oder ob man „ruhend" außerhalb des Waggons steht und die Vorgänge des sich bewegenden Waggons nur beobachtet.

I. DER BEOBACHTER ALS TEIL DES SYSTEMS

2. DER BEOBACHTER AUSSERHALB DES SYSTEMS

Wir wissen, daß die Lichtgeschwindigkeit konstant ist. Das hat zur Folge, daß in Beispiel 1 Lampe A und Lampe B gleichzeitig das Lichtsignal (aus der Mitte) erhalten und somit aufleuchten. Dieses Ereignis nimmt auch der Beobachter im Zug als gleichzeitig wahr, da er sich im selben Inertialsystem befindet und deshalb die konstante Bewegung des Zuges nicht wahrnehmbar ist und somit auch keinen Einfluß auf das Ereignis hat.

Befindet sich der Betrachter (in Beispiel 2) jedoch außerhalb des Inertialsystems (somit in einem eigenen System), so findet eine relative Bewegung statt. Dadurch macht es auf ihn den Eindruck, daß die Lampe D dem ausgesandten Lichtimpuls „davonfährt", hingegen die Lampe C sich dem Signal nähert und dadurch auch als erste zu leuchten beginnt. Beide Betrachter haben mit ihren Beobachtungen recht.

Jeder eben aus seiner (relativen) Sicht.

DIE GLEICHZEITIGKEIT

ZWEIER EREIGNISSE INNERHALB DES GLEICHEN INERTI-ALSYSTEMS IST DANN GEGEBEN, WENN DIESE VON EINER GENAU IN DER MITTE LIEGENDEN LICHTQUELLE, MIT DEM SELBEN SIGNAL GESTARTET WERDEN.

DIE GLEICHZEITIGKEIT

IST JEDOCH NICHT GEGEBEN, SOFERN SICH DER BEOBACHTER IN EINEM DAZU RELATIV BEWEGTEN ANDEREN INERTIALSYSTEM BEFINDET.

DIE RELATIVITÄT DES RAUMS.
EIN METER IST NICHT IMMER EIN METER –
ODER DOCH?

Was meint Einstein nun jetzt wieder mit „Längen-kontraktion"? Genügt es nicht, wenn „gleichzeitig" nicht immer „zur gleichen Zeit" bedeutet?

DIE LAENGEN-KONTRAKTION
BESAGT, DASS SICH RELATIV BEWEGTE GEGENSTÄNDE NUR IN RICHTUNG DER BEWEGUNG VERKÜRZEN. DIE QUERRICHTUNG BLEIBT VON DIESEM EFFEKT UNBERÜHRT.

Nein, denn die Relativität der Gleichzeitigkeit und die Längenkontraktion hängen eng zusammen. Erinnern Sie sich daran, daß wir bereits bei den langsamer gehenden Lichtuhren festgestellt haben, daß der Lichtblitz in der relativ zu uns bewegten Uhr „einen kürzeren Weg" zurückgelegt hat als in der ruhenden. Daraus konnten wir ableiten, daß die Zeit darin langsamer vergeht.

Betrachten wir also Beispiel 1, bei dem durch die relativ bewegte Lichtuhr eine Strecke L zwischen Punkt A und Punkt B zurückgelegt wurde. Durch den uns bereits bekannten Zeitdehnungs-Effekt wirkt es auf uns so, als wäre in bezug auf die ruhende Uhr erst die Hälfte der Zeit vergangen. Wenn jedoch erst die Hälfte der Zeit vergangen ist, dürfte die Uhr eigentlich auch erst die Hälfte des Weges (1/2 L) zurückgelegt haben. Diese

I. DIE ZEITDEHNUNG

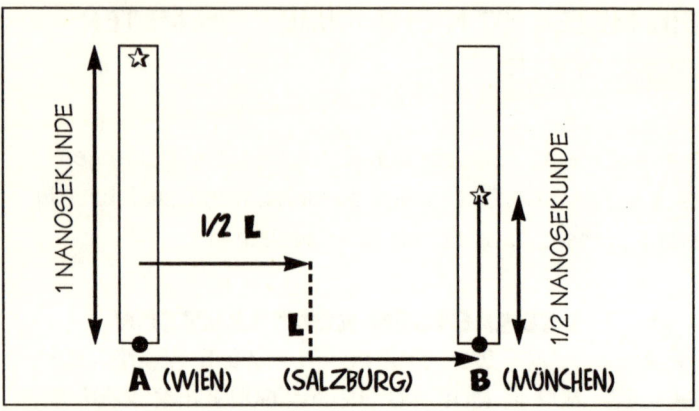

Verkürzung wäre aber feststellbar und damit die Voraussetzung für ein Inertialsystem nicht mehr gegeben.

WARUM FESTSTELLBAR UND FÜR WEN?

Erinnern Sie sich, daß bei der Relativitätstheorie immer unterschieden werden muß, aus welcher Sicht wir einen Vorgang betrachten. Stellen Sie sich vor, daß Sie sich in einem Raumschiff befinden, das durch seine gleichförmige geradlinige Bewegung (mit annähernder Lichtgeschwindigkeit) einem Inertialsystem gleichkommt. Sie sehen auf Ihren Bildschirm und entdecken, daß sich relativ zu Ihnen ein anderes Inertialsystem, ein Zug, von Wien nach München bewegt. Dieser ist ebenso annähernd mit Lichtgeschwindigkeit unterwegs und müßte aufgrund seiner Geschwindigkeit bereits München erreicht haben. Aufgrund des Zeitdehnungs-Effekts dürfte (aus Ihrer Sicht) die Zeit im Zug (z.B.)

nur halb so schnell vergehen. Demnach dürfte er auch nur die Hälfte seines Weges zurückgelegt haben.

Leichter wird die Vorstellung, wenn Sie den Begriff der Lichtgeschwindigkeit vergessen und sich eine normale Bahnfahrt vorstellen. Der Zug braucht von Wien nach München 5 Stunden. Sind aber aufgrund der Zeitdehnung erst 2,5 Stunden (die Hälfte) vergangen, so kann er ja noch gar nicht in München sein. Er müßte sich ungefähr auf der Hälfte der Strecke befinden, in Salzburg. Das würde dem Zugführer aber auffallen, da, wie wir bereits wissen, er in seinem System dasselbe wahrnimmt, nur umgekehrt. Für ihn läuft seine Zeit normal und Ihre langsamer. Also sind für ihn wirklich 5 Stunden vergangen – er müßte sich aus seiner Sicht demnach schon in München befinden. Ist er aber erst in Salzburg, wird er sich denken, daß etwas nicht stimmen kann. Die einzig mögliche Lösung ist daher, daß sich nicht nur die zurückgelegten Strecken verkürzen, sondern sich aus Ihrer Sicht der ganze Raum zusammenzieht (alles wird z.B. halb so groß, wie in Wirklichkeit – in unserem Beispiel die Strecke von Wien nach München, die Bahn und die Umgebung).

DIE BAHNFAHRT AUS IHRER (AUSSENSTEHENDEN) SICHT:

Das bedeutet, daß er sich sowohl aus Ihrer als auch aus seiner Sicht bereits in München befindet. Er darf aus Ihrer Sicht erst die Hälfte der Originalstrecke (2,5 Stunden) zurückgelegt haben. Die Orte Wien und München sind aber durch das Zusammenziehen des Raums nicht mehr 5 Stunden von einander entfernt sondern nur mehr 2,5 Stunden. Somit hat der Zug, obwohl er aus Ihrer Sicht nur halb so schnell war, sein Ziel erreicht. Oder anders gesagt, für Sie hat der Zug in 2,5 Stunden die Strecke Wien-München zurückgelegt, die für Sie auch nur 2,5 Stunden lang ist. Der Zugführer hat aus seiner Sicht in 5 Stunden die Strecke Wien-München zurückgelegt, die für ihn 5 Stunden lang ist.

DIE BAHNFAHRT AUS DER SICHT DES ZUGFÜHRERS:

In beiden Fällen dasselbe Ergebnis, nur von unterschiedlichen Positionen aus betrachtet.

DIE RELATIVITÄT DER MASSE.
WIE EINSTEIN DIE WELTFORMEL FAND

Stellen Sie sich zwei Autos vor, die sich relativ zueinander bewegen. Eines davon ist mit Lichtgeschwindigkeit unterwegs, daher erscheint ihm das andere Auto aufgrund der Zeitdehnung extrem langsam – wie in Superzeitlupe. Fährt dieses zweite Auto nun in Superzeitlupe (aus der Sicht des ersten Autos) in eine Mauer, so schlägt es in diese das gleiche Loch, als ob es mit seiner eigentlichen Geschwindigkeit hineingefahren wäre. Wenn die Geschwindigkeit relativ betrachtet verringert (langsamer) war, das Ergebnis (das Loch in der Mauer) jedoch dasselbe ist, muß ein anderer Faktor gestiegen sein – und zwar die Masse!

Fahrzeug 1 fährt mit Lichtgeschwindigkeit.

Fahrzeug 2 fährt von Fahrzeug 1 aus betrachtet mit Superzeitlupe.

Ein Ausflug in die Formelwelt verdeutlicht diesen Effekt. Der Impuls (**p**) ist das Produkt aus Masse (**m**) x Aufprallgeschwindigkeit (**w**), oder „**p = m.w**". Bleibt also der Impuls (das Loch) gleich groß, und die Geschwindigkeit (**w**) scheint verringert, muß die Masse (**m**) dementsprechend gewachsen sein.

DIE MASSENZUNAHME
BESAGT, DASS DIE MASSEN RELATIV BEWEGTER GEGENSTÄNDE GRÖSSER ERSCHEINEN.

Einstein drückte die Beziehung (Gleichwertigkeit/Äqui-valenz) zwischen der Energie und der Masse eines Körpers in seiner „Weltformel" aus, die jeder sofort mit der Relativtätstheorie assoziiert:

$$E = m.c^2$$

Oder in Worten: „Die Energie eines Körpers ist das Produkt aus Masse und Lichtgeschwindigkeit zum Quadrat". Unter der in der Formel zu verwendenden „Masse" verstand Einstein aber nicht diejenige, die ein Körper im Ruhezustand hat, sondern seine „dynamische Masse", die sich relativ betrachtet vergrößert.

Gehen wir aber noch einen Schritt weiter! Wir wissen, daß die Lichtgeschwindigkeit konstant ist. Was passiert also, wenn ein Körper einen Teil seiner Energie abgibt, somit das Produkt (E) in Einsteins Formel geringer wird? Da die Energie das Produkt aus Masse und Lichtgeschwindigkeit ist, die Lichtgeschwindigkeit aber konstant bleibt, kann sich nur die Masse verändern – sie nimmt ab.

In der Natur findet dieser Vorgang ständig statt, ohne daß es uns besonders bewußt ist; und zwar durch die

Sonnenstrahlung. Die Sonne gibt konstant Energie ab. Dadurch verringert sich aber auch parallel dazu ihre Masse. Experten haben berechnet, daß die Sonne durch ihre Energieabgabe pro Sekunde ungefähr

1 MILLION TONNEN

ihrer Masse verliert. Aber keine Angst, der Massenverlust ist im Verhältnis zur Gesamtmasse der Sonne derart gering, daß dadurch keine Gefahr besteht. Oder anders gesagt, die Sonne wird den Zeitpunkt, an dem sich der konstante Verlust ihrer Masse auswirken würde, selbst gar nicht mehr erleben.

* * *

Zum Abschluß der Speziellen Relativitätstheorie wollen wir noch einen besonders faszinierenden „Spezialeffekt" näher betrachten.
Stellen Sie sich vor, daß zwei VW-Käfer in einen Unfall verwickelt werden, bei dem sie frontal zusammenstoßen!

Aufgrund der sehr hohen
Geschwindigkeit gibt es
einen furchtbaren Knall.
Plötzlich fallen aus dem
Nebel die beiden VW-Käfer
und zwei Porsche 911 heraus!
Wäre doch eine tolle Sache?!

Tja, mit der eigenen Porscheproduktion funktioniert es
zwar noch nicht so recht, aber in der Quantenphysik ist
dieses Phänomen nichts Neues mehr. Denn werden zwei
Elektronen mit hoher Geschwindigkeit aufeinanderge-
schossen, so entstehen daraus die beiden ursprüng-
lichen Elektronen plus ein Proton und das dazugehörige
Antiteilchen (Antiproton) – Materie und Antimaterie!
Die Porsches sollten sich aber „aus dem Weg gehen", da
sie bei Berührung wieder zu reiner Energie würden.

DIE ÄQUIVALENZ
IM HINABSTÜRZENDEN AUFZUG

Die grundlegenden Strukturen der Speziellen Relativitätstheorie haben wir nun hinter uns gebracht. Doch Einstein war noch nicht ganz damit zufrieden und bemühte sich um eine Verallgemeinerung. Galten doch die verschiedenen Phänomene nur in Inertialsystemen, die einer bestimmten Bewegung unterworfen waren. Und da begann Einstein sich die Frage zu stellen, ob es nicht naturgemäßer wäre, wenn sich die Inertialsysteme keiner bestimmten Bewegung unterziehen müßten, also diesbezüglich uneingeschränkt wären.

WAS, IHR WOLLT SCHON PAUSE MACHEN,
JETZT GEHT'S ERST LOS MIT DEN SPANNENDEN SACHEN!
ÄQUIVALENZ, DIE 5. DIMENSION,
GEKRÜMMTER RAUM UND DIE GRAVITATION.
AUCH DIE NEUEN VERSUCHE MIT UHREN SIND KLASSE,
NUR BEZIEHEN SIE SICH DIESMAL AUF DIE SCHWERE MASSE!
NUN AUF, – UND FLEISSIG WEITERLESEN!
DANN BIN ICH NICHT UMSONST HIER AUF ERDEN GEWESEN!

Schon immer hatte Einstein folgende
Frage interessiert: Was passiert,
wenn man sich in einem Aufzug befindet, dessen Halterung gerissen ist
und der nun im freien Fall in die Tiefe
stürzt. Einstein fand die Antwort.
Sowohl die Aufzugskabine als auch alle
darin befindlichen Körper würden mit
derselben Beschleunigung fallen. Dabei
würde man sich schwerelos fühlen.
„Warum gleiche Beschleunigung und
weshalb schwerelos", fragen Sie sich?
Eigentlich müßten schwere Körper
doch schneller fallen? Wenn man in der
Mechanik von Masse spricht, unterscheidet man zwischen der **„SCHWE-
REN MASSE"**, die sich auf das Gewicht eines Gegenstands bezieht, und
der **„TRÄGEN MASSE"**, die in bezug
auf den Kraftaufwand steht, um einen
Körper in Bewegung zu setzen. Das
verdeutlicht uns, daß ein schwerer
Körper nicht nur mehr Kilogramm hat
als ein anderer, sondern auch träger
ist. Die Trägheit wirkt gegen das Gewicht – dreimal so
schwer bedeutet auch, dreimal so träge. Daher kann
bewiesen werden, daß im luftleeren Raum alle Körper
gleich schnell fallen, da jeder Gewichtsunterschied auch
durch den Trägheitsunterschied egalisiert wird. Doch
haben nicht bereits Galilei und Newton mit dieser

Erkenntnis gearbeitet?! Ja, doch Einsteins Entdeckung war, daß schwere und träge Masse dasselbe sind.

Bliebe jetzt nur noch die Sache mit der Schwerelosigkeit zu klären, die uns zum Grundpfeiler der Allgemeinen Relativitätstheorie führt:

DAS AEQUIVALENZPRINZIP
BESAGT, DASS RUHENDE SYSTEME, IN DENEN DIE KRAFT DER GRAVITATION VORHANDEN IST, SICH NICHT VON BESCHLEUNIGTEN SYSTEMEN UNTERSCHEIDEN, IN DENEN ES KEINE GRAVITATION GIBT.

Einstein verglich Systeme ohne Gravitation (ruhend oder beschleunigt) und solche mit Gravitation (ruhend oder im freien Fall). Und wieder schlägt die vergleichende Logik zu. Denn sind die Kraft, die jemanden hinunterzieht (vgl. schwere Masse) und diejenige, die entgegenwirkt (vgl. träge Masse) dasselbe, so sind auch die entgegengesetzt wirkenden Kräfte Gravitation und Beschleunigung ident.

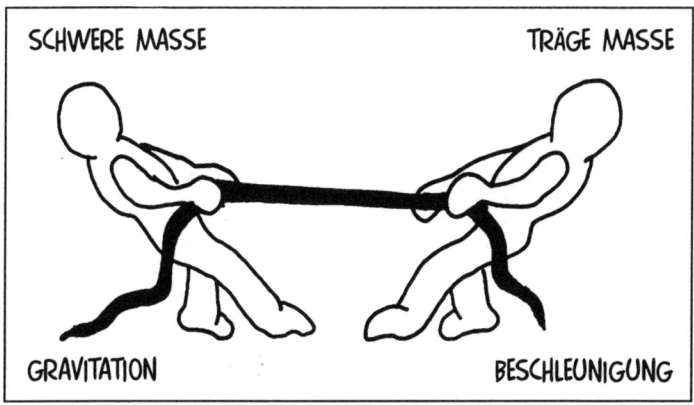

SCHWERE MASSE   TRÄGE MASSE

GRAVITATION   BESCHLEUNIGUNG

Die vier Bilder (Systeme) sollen Ihnen das Äquivalenzprinzip verdeutlichen. Innerhalb der Systeme kann man seine eigene Bewegung nach wie vor nicht feststellen. Einstein sprengte alle Ketten, hatte er doch damit bewiesen, daß alle physikalischen Versuche sowohl mit als auch ohne Gravitationseinfluß dieselben Ergebnisse liefern und daß sogar der freie Fall ein Inertialsystem darstellt.

FREIER FALL (DURCH GRAVITATION)

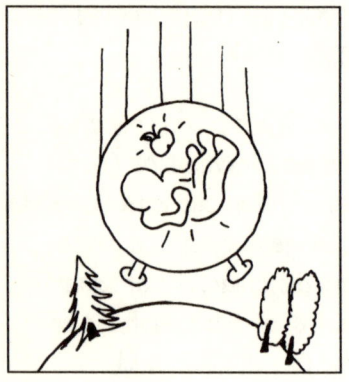

RUHEZUSTAND (OHNE GRAVITATION)

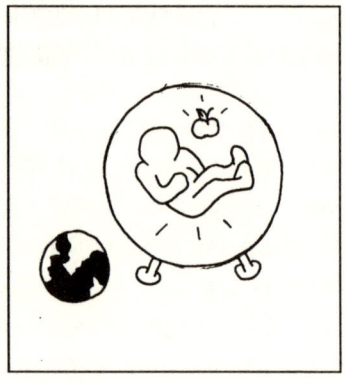

RUHEZUSTAND (MIT GRAVITATION)

BESCHLEUNIGT (OHNE GRAVITATION)

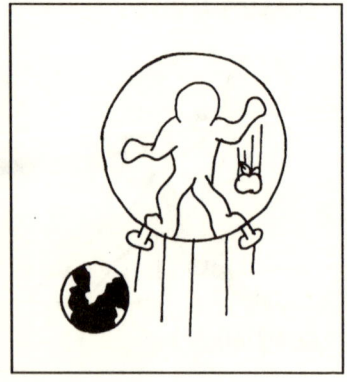

DER GEKRÜMMTE RAUM

In der Allgemeinen Relativitätstheorie finden wir, ebenso wie bei der Speziellen, das Phänomen der langsamer gehenden Uhren. Nur spielt jetzt die Gravitation eine entscheidende Rolle, oder anders ausgedrückt, die Nähe einer schweren Masse.

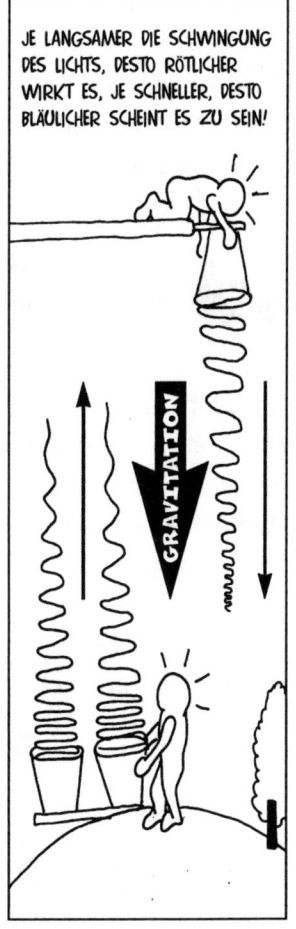

JE LANGSAMER DIE SCHWINGUNG DES LICHTS, DESTO RÖTLICHER WIRKT ES, JE SCHNELLER, DESTO BLÄULICHER SCHEINT ES ZU SEIN!

GRAVITATION

Die nebenstehende Zeichnung zeigt Ihnen einen Versuch, der verdeutlicht, was damit gemeint ist. Wir postieren eine Person A auf der Erde, die mit einem Scheinwerfer senkrecht in das Weltall leuchtet. Der Scheinwerfer sendet ein grünes Licht aus. Da das Licht, wie wir bereits gelernt haben, auch aus Teilchen besteht, unterliegen diese der Schwerkraft. Daher müssen sie aufgrund der Strahlrichtung des Scheinwerfers (entgegengesetzt der Schwerkraft) gegen die Gravitation emporsteigen. Dadurch verliert das Licht an Frequenz (Energie) – es schwingt langsamer. Die Verminderung der Frequenz bewirkt, daß das eigentlich grüne Licht für die zweite Testperson B, die sich an einem deutlich höheren Punkt befindet, rötlich wirkt (Verschiebung im Lichtspektrum). Das langsamere Schwingen des Lichts bedeutet, daß aus der Sicht der Testperson B die Zeit langsamer vergeht. Auch der zweite Scheinwerfer, der zur Kontrolle aufgestellt wurde, scheint von oben her betrachtet rötlich. Damit wurde bewiesen, daß die Gravitation eine sogenannte „Rotverschiebung" bewirkt und die Uhren am Erdboden langsamer laufen läßt. Weiters steht fest, daß am zweiten Scheinwerfer am Erdboden, der „Kontrolluhr", der idente Effekt feststellbar ist. Die beiden Uhren gehen somit zueinander gleich schnell.

 **UHREN,**
DIE SICH IN DER NÄHE VON SCHWEREN MASSEN BEFINDEN, GEHEN DURCH DIE GRAVITATION LANGSAMER.

Die Testperson B sendet mit ihrem Scheinwerfer grüne Lichtwellen in Richtung Erde aus. Die Lichtwellen sind somit der Gravitation gleichgerichtet und erfahren dadurch eine Beschleunigung (Fallbeschleunigung) – die Frequenz des Lichts erhöht sich dadurch. Sie erscheint der Testperson A bläulich (Verschiebung im Lichtspektrum). Demnach wirkt diese Uhr (das Scheinwerferlicht) von der Erde aus betrachtet so, als ginge sie schneller.

JA ABER,

werden Sie sich denken. Wir haben doch in der Speziellen Relativitätstheorie gelernt, daß eigentlich beide die Uhr des anderen als langsamer wahrnehmen müßten.

Stimmt, doch das gilt nicht bei der Allgemeinen
Relativitätstheorie. Hier ist die Gravitation das entscheidende Moment oder anders gesagt, die Nähe einer
schweren Masse.

* * *

So, jetzt noch ein wenig Geduld, dann haben Sie's
geschafft!

* * *

Den letzten Teil wollen wir der „Längenverkürzung" widmen, die ebenso ein klein wenig anders zu betrachten
ist, als wir sie bereits verstanden haben.

 **ALLE MASSTAEBE,**
DIE SICH IN DER NÄHE VON SCHWEREN MASSEN
BEFINDEN, ERSCHEINEN VERKÜRZT.

Aufgrund des Merksatzes von Einstein muß auch bei
diesem Phänomen die Gravitaton die Hauptrolle spielen.
Durch die von der Gravitation verursachten Zeitdehnung können wir wieder auf eine Längen-Verkürzung
schließen. Verstreicht also, verursacht durch die
Gravitation, scheinbar nur die Hälfte der Zeit, so muß
sich auch ein Maßstab um die Hälfte verkürzt haben.
Da der Maßstab aber seine eigentliche Größe behält,
muß es der Raum selbst sein, der sich verändert hat.
Messen wir zum Beispiel den Mondumfang mit einem
durch die Gravitation verkürzten Maßstab, und holen
diesen danach wieder auf die Erde zurück, so hat er
seine eigentliche Länge wieder erreicht und wird uns

dadurch ein zu großes Bild vom Umfang des Mondes liefern. Man konstatiert daher, daß es in der Nähe von Massen eine

RAUM-KRUEMMUNG

geben muß. Die Allgemeine Relativitätstheorie führt sogar so weit, daß die bekannten Grundgesetze der (Euklidischen) Geometrie keine Richtigkeit mehr haben, wenn man die Ebene verläßt und den Raum betrachtet (z.B. Parallelen, die durch die Krümmung nicht mehr parallel laufen ...).

Mit einem Wort, es scheint alles nicht mehr so zu sein, wie wir es erfahrungsbedingt kennen. Was zur Folge hat, daß wir uns die Raumkrümmung nur sehr schwer, oder gar nicht, vorstellen können.

* * *

Erinnern wir uns an Einsteins Lieblingsbuch aus seinen Kindheitstagen, „Das heilige Büchlein über euklidische Geometrie". Wie fasziniert war er doch von der Sicherheit der darin enthaltenen Aussagen. Letztendlich war er es selbst, der die Einzigartigkeit der euklidischen Abhandlungen in ein neues Licht rückte – wenn auch in ein gekrümmtes!

Nun, zur Relativitätstheorie gäbe es natürlich noch viel zu sagen, und sicher sind beim Durcharbeiten der letzten Kapitel auch einige Fragen entstanden. Doch für den Anfang sollte es einmal langen. Nein? Sie haben Gefallen daran gefunden und möchten sich intensiver mit Einsteins Theorien, der Relativität und den Mysterien der Welt und des Universums auseinandersetzen? Dann nichts wie ab in die nächste Buchhandlung. Erklärte und unerklärte Phänomene gibt es zur Genüge. Eines noch; ist Ihnen beim Lesen mancher Aussagen Einsteins der Gedanke gekommen, daß seine Zitate aus dem Alltag (manche sind mittlerweile 100 Jahre alt) eine mindestens genauso große Allgemeingültigkeit besitzen wie seine Relativitätstheorie?!

In manchen Belangen scheint die Zeit nicht nur langsamer zu vergehen, sondern sogar stillzustehen! Leider! Oder, Gott sei Dank?!

BIS ZUM
NÄCHSTEN MAL!

OSSI HEJLEK

Martin Apolin, Relativitäts-Puzzle. Verlag Hölder-Pichler-Tempsky. Wien 1998.

Peter A. Bucky, Der private Albert Einstein. *Gespräche über Gott, die Menschen und die Bombe.* Econ Verlag GmbH. Düsseldorf; Wien; New York, 1991.

Chronik des 20. Jahrhunderts. (OA: Chronik Verlag im Bertelsmann-Lexikon Verlag GmbH), Lizenzausgabe für Bechtermünz Verlag im Weltbild Verlag GmbH. Augsburg 1997.

Albert Einstein/Leopold Infeld, Die Evolution der Physik. Rowohlt Taschenbuch Verlag GmbH. Reinbek bei Hamburg 1995.

Imanuel Geiss, Chronik des 19. Jahrhunderts. (OA: Chronik Verlag im Bertelsmann-Lexikon Verlag GmbH), Lizenzausgabe für Bechtermünz Verlag im Weltbild Verlag GmbH. Augsburg 1996.

Stephen W. Hawking, Einsteins Traum. Expeditionen an die Grenzen der Raumzeit. Rowohlt Taschenbuch Verlag GmbH. Reinbek bei Hamburg 1996.

Ossi Hejlek, Sigmund Freud für Einsteiger. Wissen mit Pfiff Band 1, Böhlau Verlag Wien. Wien 1999.

Armin Hermann, Einstein. Der Weltweise und sein Jahrhundert. Eine Biographie. R. Piper GmbH & Co. KG. München 1994.

Albert Jaros/Alfred Nussbaumer/Peter Nussbaumer, Basiswissen 4. Physik-compact. Verlag Hölder-Pichler-Tempsky. Wien 1992.

Kaufmann-Zöchling, Physik in unserer Welt 2. Verlag Hölder-Pichler-Tempsky. Wien 1997.

Michael Macrone, Heureka! Das archimedische Prinzip und 80 weitere Versuche, die Welt zu erklären. Deutscher Taschenbuch Verlag GmbH & Co. KG. München 1998.

Janusz Piekalkiewicz, Der Erste Weltkrieg. (OA: Econ Verlag GmbH, Düsseldorf; Wien; New York), Weltbild Verlag GmbH. Augsburg 1998.

Josef Schreiner, Angewandte Physik. Teil 3. Relativitätstheorie, Quantenmechanik, Atom- und Kernphysik. Verlag Hölder-Pichler-Tempsky. Wien 1989.

Pedro Waloschek, Wörterbuch Physik. Deutscher Taschenbuch Verlag GmbH & Co. KG. München 1998.

Johannes Wickert, Einstein. Rowohlt Taschenbuch Verlag GmbH. Reinbek bei Hamburg 1972.

WISSEN MIT PFIFF

BAND 1

1999. 13,5 x 21 cm. 168 S.
Sw-Illustr., Cartoons. Geb.
ATS 198,–/DM 29,80/sfr 27,50
ISBN 3-205-99057-9

BAND 2

1999. 13,5 x 21 cm. 176 S.
Sw-Illustr., Cartoons. Geb.
ATS 198,–/DM 29,80/sfr 27,50
ISBN 3-205-99056-0

DIE NÄCHSTEN BEIDEN BÄNDE ERSCHEINEN IM HERBST 1999!

BAND 3

BAND 4

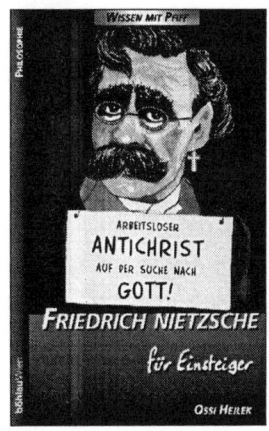

für Einsteiger